不倫手記

愛欲まみれな女の淫水だだ漏れ告白

劇漫編集部 編

第一章　本能に操られ快感を貪り合う女と男

温泉街でハメを外してハメまくる淫乱美熟女四人組

【告白者】安西留美（仮名）／30歳（投稿当時）／専業主婦

第二章　ノンモラルな世界に迷い込んだ女と男

第三章

非日常の体験に快楽を見出した女と男

第一章
本能に操られ快感を貪り合う女と男

●その瞬間、私は牝牛になった。牡牛と化した彼を後ろから受け入れて……。

突然のアクシデントから正面衝突級の肉欲不倫関係へ

【告白者】松岡広美(仮名)／34歳(投稿当時)／主婦

農家の嫁である私は、自宅からちょっと離れた畑まで軽トラックで通い、イチゴの栽培を担当しています。農家といっても兼業なので、夫はサラリーマンをしながら、週末にちょっと手伝ってくれる程度。夫の両親は、自宅の前の田んぼで米を作っているので、イチゴは基本的に私一人の役割です。

ある寒い朝のこと……。

ビニールハウスでひと仕事終えて、朝食のために家に帰る途中、対向車線を走るワンボックスカーが、なんとなくフラフラしてるな、危ないな……と思ったら、いきなりこっち側の車線に飛び出してきました。

(危ない！)

私も必死にハンドルを切って逃げようとしましたが間に合わず、ガシャン！

衝突してしまったのです。

幸いなことに、私はちょっとヒザをぶつけた程度で、たいしたことはありません。自動車のドアも開くので、ぶつけてきた相手の様子を見に行きました。

するど、向こうもケガなどなかったようで、すぐに車から出てくると「どうもすみません……」と平謝りです。

「すみません、お怪我はありませんか」

「大丈夫です、そちらは……」

「いえ、私のほうは、どうやらちょっと居眠りしていたようで……。もちろん私の方が悪いので、弁償させていただきますが」

車から降りてきた男は、私と同年輩か、少し年上の、実直そうな背広姿。本当に恐縮しているのが見て取れ、こちらの方がなんだか気が引けてしまうくらいの、人柄のよさそうな人でした。

お互いケガもなかったことだし、警察を呼ぶまでもないかと思い、とりあえず名刺をもらって別れることにしたのですが、軽トラに乗り込んでエンジンをかけようとしたところ、かかりません。どうやら、年代ものの軽トラが、衝突のショックでどこか壊れてしまったようなのです。

するとさっきの男性が……名刺には「吉岡龍太」とありましたが……、自分の車から降りてこちらに近付いてきます。

「エンジン、かかりませんか」

「ええ……なんか、壊れちゃったみたい」

「知り合いの修理工場が近くにあるので、電話してみましょうか」

「お願いできますか」

早朝の呼び出しに面食らいながらも、吉岡さんの知り合いだという同年輩の男はニコニコ笑いながら降りてきて、軽トラをしばらく見ていました。

「すぐは直らないなあ。とりあえずレッカーでうちの工場に持ってくわ」

「頼むわ。俺が修理代払うから」

現場から家までは歩いても10分ほどの距離でしたが、吉岡さんが送ってくれるというので（まあ、当然といえば当然なのですが……）、言葉に甘えて私は助手席に乗り込みました。

「吉岡さんは……お仕事は大丈夫なんですか？」

「それが……大丈夫じゃない、と言いたいところなんですが、ちょうど1週間前に◯

○機械をリストラされちゃいましてね」
「まあ……あそこにいらしたんですね」

このあたりでも有数の大きな会社である○○機械が、業績不振から大規模なリストラを実施したというのは、ローカルニュースでもトップで扱われていました。

「実は、夕べも遅くまで、仕事を世話してもらおうと思って××市の叔父のところまで出かけていて。夜中まで話し込んでしまって、途中で仮眠とりながら帰ってきたんだけど、やっぱり睡眠不足だったみたいで。本当に失礼しました」

夫はもう仕事に出かけていて留守だったので、吉岡さんは夫の両親に直立不動で頭を下げ「車はもちろん、広美さんに何かありましたら、きちんと責任を取らせていただきますので」と礼儀正しく挨拶しました。両親も実直な人柄に好感を持ったようで、それ以上事を荒立てず「お互いにケガがなくてよかった。よろしくお願いします」と挨拶していたので、私もなぜかホッとしたのを覚えています。

午後になって、吉岡さんから私の携帯に電話がかかってきました。

「あのですね。軽トラなんだけど、直ることは直るけど、2週間ぐらい時間がかかるって言うんですよ。大丈夫ですか」

「車は仕方ないけど、畑は一日も休めないので……代車とか、頼めないですかねえ」

「それが、あいにく出払ってるらしくて。あの、もしよかったら、私に送り迎えさせていただけませんか」

「え？　吉岡さんに？」

「はい。リストラされて、時間はいくらでもあるので……」

正直言って、私、慣れない車を運転するのは苦手で、どうしようかなと迷っていたところでしたから、その申し出は渡りに船でした。

翌朝から、まだ夜が明けない、霜の降りている午前4時ごろ、吉岡さんは家にちゃんと迎えに来てくれるようになりました。

そしてその翌日からは「待ってるだけでは気が引けるから」と、農作業を手伝ってくれるようになったのです。

もともと気が合う性質だったのでしょう。二人きりで、ほぼ密室であるビニールハウスや、隣のパック詰め作業場で仕事をしていると、なんだか吉岡さんにとても親しみを感じるようになって……。私、いつもコンビニ弁当やおにぎりを食べてる彼を見てられなくなって、義理の父母や夫に内緒で、彼の弁当を作るようになってしまったのです。

そして、明日は軽トラが直ってくるという前の日のこと……。

パック詰めの作業場は、最盛期になると、家に帰る時間も惜しんで仕事をしなければならないので、土間の一角をかさ上げして畳が三畳ほど敷いてあり、その片隅に簡単な仮眠用のフトンが積み上げてあります。

私たちは、作業が一段落すると、その畳のところに座ってお茶を飲みました。

「こうやって吉岡さんとお茶するのも、今日限りですね」

「つまらないなあ。せっかく農作業にも慣れてきたのに」

「でも、うちも家族だからやってられるのよ。人に給料なんか払ったら、とてもじゃないけど……」

「そうですね。僕も仕事探さなくちゃなあ」

「吉岡さん、人柄がいいから、きっとすぐ見つかるわよ」

そういいながら、私は自分が涙声になっていることに気づきました。

「広美さん……？」

吉岡さんは、私のほうに向き直ると、私の肩に優しく手をかけて……そして唇を重ねてきたのです。

私は、その行動に抗うことができず……。

私も、吉岡さんの背中に手を回して、彼の体をしっかり抱きしめると、唇を割って中に入ってきた彼の舌を受け止めました。

「あ……」

彼は器用に手を伸ばし、隅に置いてあるフトンを拡げると、私をその上に押し倒します。

「ダメよ、私には夫が……」

「でも僕、広美さんのことがどうしようもなく好きになっちゃった。広美さんも僕のこと、好きでしょう」

私はとっさに返事ができませんでした。確かに、さっき流れた涙はウソじゃなかった。でも、こんなこと、本当にしたいのかどうか、私にはよくわかりません。

そうは言っても、ここまで来てしまうと、どっちにしても、もう後戻りはできませせん。私の頭はすっかりポーッとなっていて……。さっきのキスで、なんだか「したい」気持ちで、頭の中が一杯になってしまっていたのです。

「好きなんだ」

彼は私をフトンの上に仰向けにして、セーターをまくり上げ、シャツのボタンを外し……そしてブラジャーのホックに手をかけました。

「きれいな胸だね」

「あんまりじっと見ないで、恥ずかしい」

「でも……大きいし……ピンと上を向いている」

ペロリ、ペロリ……と、吉岡さんの舌が私の乳首を舐めます。すると、柔らかかったその部分が、とたんに硬くなって、ツン！　と尖って。

「あ……」

思わず私の口から吐息が漏れます。

それから彼の手は、もっと下の方に伸びてきます。作業用の緩いズボンと、簡単なショーツしか穿いていないその部分は、本当に無防備で……。

彼はすぐに、私のその敏感な部分を探り当てると、そこから中へ、外へ……指を器用に動かし始めました。すぐに私の奥のほうから、温かな液体が内側に満ちてきて、くちゅ、くちゅというイヤらしい音が響いてきます。

「あ……いい……」

このところ、夫も仕事が忙しく、私は私で農作業に追われていて……男の人とこんなこと、本当に何ヶ月かぶりだったこともあったのでしょう。私は「いけない、いけない」と思いながらも、体は裏腹に、どんどん感じていきます。

私の目の前に、やっぱり作業用のトレパンを穿いた吉岡さんの股間があります。もうその真ん中は、テントみたいに盛り上がってて……。私、トレパンの上から指を伸ばして、その部分に触れてみたんです。そしたら、もう、そこが、熱くて、硬くて……私の中に最後まで残っていた理性が、そこに触れたことで、木端微塵に壊れてしまったかのようでした。

私は、彼の指にかき回されている快感に蕩けてしまいそうになりながら、彼のトレパンと下着を脱がせて、中から黒光りするチ○ポを取り出しました。そして、袋に左手を沿え、右手でサオを握ってゴシゴシ擦りながら、唇で先っぽのところにキスしてちゅるるる……と吸い上げます。

「ああ……広美さん……」

目を閉じた吉岡さんが、本当に気持ち良さそうな表情を浮べています。私は、私の手や唇、舌の動きに男が翻弄される様子が面白く、サービスを続けます。

吉岡さんは吉岡さんで、そんな私に負けるものか……とでも言わんばかりに、私の感じるところをクチュ、クチュと刺激し続けています。私は私で、ピチャピチャ、彼のを、心行くまで味わい続けて……。

「ああ……もうイキそうだ」

目を閉じて快楽に酔う吉岡さんに、私は言いました。

「いいよ。お口でいって」

私はさらに右手で強くサオを握り、ゴシゴシと刺激を与えながら、先端部を舌の先でなぶり続けました。

「あ！　い、イク……」

吉岡さんは痙攣すると、精液を私の口の中に思い切り放ちました。春先の花粉のような香りが私の口から鼻へと流れ、後から後から流れ込んでくる精液を、私はまだ口の中でのたうち回る吉岡さんのチ○ポをガブリと噛んでしまわないように注意しながら、ゴクリ……と飲み干しました。

「ああ……広美さん……」

「よかった?」

吉岡さんはもう喋るのも精一杯、という感じで、首をコクリ……と縦に振ります。

「まだできるでしょう?」

私は彼の耳元で囁きました。

「してね……もう、こうなったら、引き返せないわよ」

「水を……飲ませて」

持参した水筒に詰めた冷たい井戸水を、私は口に含み、口移しで彼の唇へと流し込みました。

「うまい……」

目を閉じて水をごくり、と飲み干すと、それまでフニャリとなっていた彼のチ○ポが、また少しずつムクリ、ムクリ……と、大きくなってきました。

「もっと大きくなって」

私はそれまで身につけていた衣類を全部脱ぎ捨てると、同じように彼も真っ裸にして、彼の顔の前に私の恥ずかしい部分が来るように彼にまたがり、そしてチ○ポの上に屈みこんで、クチュクチュ……と、もう一度お口で刺激を始めました。

「あ……」

口で刺激して、手でしごくと、彼のが、さっきと同じくらい？　いえ、たぶん、さらに一回り大きくなった感じで。

「凄い、たまらない眺めだ」

彼の視線が、痛いくらいに私のアソコに注がれているのがわかったので、私はお尻を左右に二、三回、揺らしてみました。

「興奮しちゃうでしょ」

「ああ、たまらない」

彼は首を持ち上げると、私のその部分に鼻と口を突っ込んで「ジュルルル……」と驚くほどいやらしい音を立てます。私はその荒っぽい刺激が何とも心地よくて「あぁ……」と、またも吐息を漏らします。

「入れちゃうね……」

私は彼の顔からそこを離すと、今度は彼の腰のあたりに来て体をまたぎ、大きく股を開いて、彼のチ○ポ目がけて体を沈めていきました。

彼のが、私の中に少しずつ収まっていくたびに、快感が2倍にも3倍にもなって襲い掛かってきます。

「あああ！」

主人とのセックスは、義理の両親が一階で休んでいるため、そんなに声を上げることもできません。

でも、畑の中の一軒家で、500m四方に人っ子一人いないこの作業場では、どんなに大きなヨガリ声を出そうと自由なのです。何の心配もいりません。

「ああ、いい、いいわ、いいわ！」

「広美さん……」

私があまり激しく動くのに驚いたのか、吉岡さんは小さな声で私の名前を呼んでいます。もう快感のスイッチが入ってしまった私は、彼が何を言おうとまったく気にせず、ただひたすら気持ちよくなるために腰を振り続けます。

乳房が揺れて、ぴしゃ、ぴしゃと音を立てる。それを時々彼がぎゅっと下からつかむと音がやむ。私は体をのけぞらせて彼の腕をふりきり、そしてそのまま仰向けに倒れこむと、今度は彼が私の上に乗ってきました。

「行くよ……」

私は大きく股を拡げられ、剥き出しにされたその部分に、さっきは私に弄ばれるだけだった彼のチ○ポが、ググググ……と押し入ってきました。

「あ……凄い……」

こうやって男に征服されるような体位で、グイグイと攻め立てられるのも、私は嫌いじゃありません。

パン、パン！　と、激しく音を立てて彼が攻め立ててくると、私の下半身は次第に持ち上げられて、両脚が彼の肩の上に乗るような形に……。まったく無防備なスタイルで、もうひたすら押しまくられるだけ。

「ああ、ああ……いいわ、いいわア！」

「これで、どうだ？」

「いいわ、いいわ、もっと、もっとォ……！」

彼はときどき体をグルグル回転させるようにして、チ○ポを私の奥深くにねじ込んできます。まるで、ドライバーが回って、ねじがグイグイ奥に押し込まれていくように……。そうすることで、彼のチ○ポは、私の膣を突き抜けて、子宮の壁までもグイグイと突き上げてくるのです。

「攣る……脚が……」

　こんなに激しく感じて、脚が攣ってしまったのは、初めての経験でした。伸びてしまった脚の先を、いったん私の外に出た彼が、体重を込めて曲げて……痛みがようやく去ると、私は今度は四つんばいになりました。

「ねえ、後ろから、して……」

「バック好きなの」

「牛のを見てたらね、好きさなったべ」

「あんたが牝牛なら、俺は牡牛だ」

「ああ、種付けしてけれ」

　私が突き出した尻を、彼はぐっとつかんで、後ろから激しく入ってこようとしました。手を添えれば簡単に入るのに、どうしてもいきなり入れたいみたいで、右に、左に……何回か外れた後で、見事にズボリと奥まで入って。

「ああ、入った……」

「気持ちいい？」

「最高よ……」

モォ〜……と、種牛のようにいななくと、彼は本当にケダモノになったみたいに、ひたすら激しく動きます。私がどんなに感じすぎて、一休みしたいと思っても、全然休ませてくれないのです。でも、そうしているうちに、私も、これまで感じたことのないくらい、凄まじい快感に襲われて……。

「ああ、もうダメ……イク……」

「まだまだ……」

「まだダメなの？　私、もう、壊れちゃう」

「イキたい？」

「イキたい……気持ちよすぎ……もう、ダメ……」

モォ〜！　と彼がもう一度いななくと、私は絶頂に達し、半ば気を失いました。すると彼が私の顔のあたりに仁王立ちになって、そしてさっきと同じくらい？　いえ、たぶんもっと多い、凄い量の精液が私の顔に……。

翌日、軽トラックは無事に直って、私は一人で作業場に通うようになりました。吉岡さんも仕事が見つかったのですが、それでも、週に一度は、早朝のちょっとしたお楽しみのため、この作業場に通ってくるのです。

●酔いにまかせて結婚・出産をした私。子供のＰＴＡ活動中にもつい過ちを犯し……。

ＰＴＡの役員同士が子供には明かせない禁断行為を

【告白者】手嶋しのぶ（仮名）／33歳（投稿当時）／専業主婦

私、お酒が大好きなんです。

もともと、父がほとんどアル中っていっていいほど、毎晩、浴びるように飲んでいた人で。私も中学生……いえ、小学生になったばかりのころから、父にビールなどを飲まされるようになったのが、きっかけでした。

最初は、さほどおいしいとも思わなかったのですが……やはり体質に合っていたのでしょうか、高校に進む頃には、父が飲み始めると、自分から近づいていって、グラスを重ねるようになっていったのです。

でも、一つだけ問題があって……。

それは、クイクイ、と気持ちよく飲み進むうちに、記憶がなくなっていってしまうこと。そして、それと同時に、私の内側に眠っているエッチな本性が、姿を現してしまうことです。

今年で結婚10年目になる私ですが、今のダンナと結婚したのも、やはりお酒が結ぶ縁。二人で毎晩のように飲み歩き、気がつくとベッドの中にいて、思いきりセックスした後はまた冷蔵庫からビールを取り出して……という繰り返しで、……気がつくと、いつのまにか私は妊娠。そりゃそうですよね、酔いにまかせてエッチを繰り返してたら、いつかはそうなるのも仕方のないこと。

いくら酒好き、H好きな私でも、体の中に宿った新しい命は、それはいとおしいものでしたから、すぐに結婚を決めました。ダンナも、異存はなかったようで……。私達は新しい暮らしを始めたのです。妊娠中も禁酒できなかった私でしたが、かわいい女の子も生まれ、まあまあ……順調な結婚生活を送ってきたと思います。

でも、どんな楽しい毎日でも、それが日常になってしまうと、いつしか「飽きて」しまうのが悲しいところです。美味しい物を食べ、酔っ払って、セックスして。

ダンナにソコソコの稼ぎがあるため、生活に何の危機感もないのも、今になってみるとよくなかったのかもしれません。

それでも、つい最近まで、何となく満たされない感じを持ちつつも、私達の生活は破綻もなく続いていたのです。

ところが……。

娘が小学校3年生となり、私はPTAで役員をすることになりました。

そこで一緒になったのが、娘と同じ学年のK君の父親、紀彦さん。

紀彦さんは、フリーライターをしているとかで、時間が自由になるため、役員を引き受けることになったのだそうです。専業主婦の私も、理由は似たようなもの。そして、困ったことに(嬉しいことに!?)、彼もとってもお酒が好きで……。

紀彦さんの奥様は、バリバリのキャリアウーマンで、夜も遅くなることが多いのだそうです。お子さんのK君は、習い事などが忙しいため、夜8時過ぎまで帰ってこない、というのも、家の娘と同じ。

二人とも酒好き、そして朝、子供を学校に送り出してしまえば、およそ半日も自由になる時間がある……そんな私達が、「PTAの打ち合わせ」と称して、午後早くからファミレスなどでお酒をしょっちゅう飲むようになったのも、自然な成り行きだったかもしれません。

そして、夏……。

私はもともと、服装には無頓着なほうで、自分の身なりが男性に無用な刺激を与えることがある、という事実をさほど重視していません。言い方を変えれば、「見たけりゃ見れば？」という感じ……。

その日も、タンクトップにショートパンツといった格好で、紀彦さんと会っていたのですが、その露出度の多いスタイルに、彼、いつのまにか、欲情しちゃってたみたいで……。

いつもはファミレスの明るい席でビールなんか飲んで、そろそろ夕方近くなってきたら「じゃあまたね！」という感じで別れていたのですが、またその日に限って、どういう風の吹き回しか、ムードのある蕎麦屋の座敷で冷酒なんか飲んでいたのも、いけなかったかもしれません。酔いにまかせて、グラスを重ねるうち、だんだんイイ感じになってきちゃって……。

「しのぶさん……」

「何？」

「ねえ、今日の格好って、ちょっと……凄くない？　露出度高すぎだよ」

「えー……どうしたの……」

「俺だって男なんだからさあ……」

ありました。

「なんかヘンな気持ちになっちゃった?」

そんな会話を繰り返すうち、彼の手が私の太腿に伸びてきたところまでは、記憶にありました。

そして、気がつくと……。

私、ベッドの中で全裸。あたりを見回してみると、どうやらラブホテルみたい。紫のけばけばしいインテリアが、エッチな気分をもりたてて……。

そして、私の後ろには、紀彦さん。その手は私の胸を揉みしだいて、そしてもう一本の手は、アソコに伸びて……もう、すっかり濡れて、グチョグチョになってるみたいで、ぴちゃぴちゃ、ぴちゃぴちゃ……と、とっても淫らな音が。敏感なトコロを激しく責められて、私、気がついたらもう、エクスタシーの一歩手前みたいな状態にいたんです。

「あ……あ……」

声にならない声が、私の口から洩れてくる。ああ……こんなに淫らな私って、本当に久しぶり……。ダンナとの、もはや義務的になってしまったセックスでは、得ようとしても得られない、物凄い興奮。紀彦さんは私の体に後ろから自分の体を密着させてる。もうビンビンに大きくなったアレが、私のお尻のあたりをツンツンと刺激して、もう弾ける寸前って感じで。

二人とも、もう汗びっしょりだったから、お互いの体がスベスベして、抱かれているだけでもピチャピチャ音が。

「しのぶさん……」

「なあに……」

「入れたい……」

「いいわよ……」

彼の求めに応じて、私、お尻をキュンって突き出して、脚を少し開いて、彼が入って来れるようにしたの、でも……汗で……汗だけじゃないかもしれない、いろんな液で、もう二人ともびちゃびちゃになってて、滑って、なかなかうまく入らないの。

「もっと下よ……」

「ここ？」

「ううん……ああ、そこじゃなくて……」

なーんて、まるで高校生のカップルみたいな会話なんかしちゃったりして……。

「あ、ここだ……」

ようやくその場所を探り当てて、紀彦さんが腰をグイと突き出すと、もうさっきからビチョビチョだったから、すぐに奥までクイクイ……って入っちゃいました。うーん……凄い、こんな大きいの……素敵……。

彼にバストをがっしりと掴まれて、腰を前後にきつくグイグイ揺さぶられると、もう体の中を全部、素手でかき混ぜられるみたいな、もうどうにでもして……みたいな、そんな怒涛のような快感に襲われて。

なんかもう……体位を変える、とかじゃないんです、こうなると。もう、ひたすら突いて欲しい、そしてメチャメチャにして欲しいって、そんな気持ち、お酒を飲みすぎて、あまり体を動かしたくなかったのかも知れないけれど、でも、体を密着されて、挿入されて、動かれて、そして息が首筋にかかって……こんな素敵な時間って、なかなかあるものじゃないでしょう？

「ああ、もう、イッちゃう……」

「俺も……イッていい？」

「いいわ、もう……ああ……早く……」

「イク……イク……」

う……という小さな呻き。彼が腰をグイ！　と強く突き出した。生温かい感触が、私のアソコの中に……。

（精液だわ……）

そんなことを想いながら、私はエクスタシーの真っただ中へ……まだまだ残っているアルコールと、セックスの高揚感とが一緒くたになって、もう……凄いの、良すぎて！


男女の間って、一線を越えると、後はもうズルズルって行っちゃうモノなんですよね。それからは私達、会うたびに飲んで、Hして……って繰り返し。愛してるのか、って言ったら……そうね、愛してないわけじゃない。でもそういうんじゃなくて、私達って……本当に仲良し。だからといって、お互いのまともな家庭を壊そう、なんて気持ちは両方とも全然ないのも、二人が上手くいってる理由なんだと思います。お互いに、お互いのパートナーへの愛情は、それはそれとして持っているところも共通していますし……。

でも、時々、私……。自分のしていることを世間の人が知ったらどう思うか、って、考えて、寒気を覚える時もあるんです。とりわけ、紀彦さんが、けっこう冒険好きな、チャレンジャーなんだってことに、気がついてからは……。

その日は、久しぶりにPTAの会合があって、紀彦さんと私は学校の会議室にいました。会合が終わって、他の父母や先生方もみんないなくなった後……私達は、その後どうしようか……なんて話を、二人きりの会議室でしてたんです。そしたら、紀彦さんが、唐突にこんなことを言い出しました。

「学校って……なんだかそそられない？」

「え？」

「学生時代にさ、学校でセックスしたことある？」

「ないわよ、そんなの……」

「でもさ、AVとか見てると、よく、教室とか体育倉庫とかでHしたっていう話、出てくるんだよね……」

この人、今、ここで、したがってる。

その事に気がついたとき、私、ちょっぴり驚きました。まさか、PTAの役員である私達二人が、事もあろうに、学校の中でHしちゃうなんて……。もし、その現場を誰かに見られたら。私達の噂はあっと言う間に学校中に広まって、子供達だって物凄く傷ついてしまうに違いありません。

ヤバいわよ、そんなこと……。

口にはしませんでしたが、一番強く思ったのは、そんなことでした。

でも、私の中のもう一人の私……いつもスリルを求めてやまない、セックスの快感をどこまでも追求していく私……は、その大胆な提案に、かなり興奮してたんです。

「……ここで？」

私は彼の太腿に手を置いて、耳もとで囁きました。

「さすがに会議室は……。でも、図書室の脇に準備室があるだろう？　授業中は絶対に誰も来ない。ＰＴＡの資料づくりに使うから、って、鍵も借りてある」

「紀彦さん……」

「何？」

「あなたって……エッチ……」

私達は、敵の要塞に忍び込んだスパイのように、左右を見回しながら、図書室の準備室へと向かいました。そして静かに鍵を開け、中からロックし、そして……。

彼はカーテンを静かに全部閉ざすと、私の服を脱がせにかかりました。部屋の中は、扉を開閉するスペースの他は、すべて本棚。そして小さな机と、椅子が一つずつ置いてあるだけ。その椅子の背に、スカート、ブラウス、下着……が次々に重ねられていって……。

そして私は全裸。彼も待ちきれないように、乱暴に自分から服を脱いで、真っ裸になりました。もう……アソコは、それだけで元気になって、上を向いて光ってて。

彼は、私に脚を開いて立たせ、自分は床に座ると、上を向いて、私の股間に舌を伸ばし、アソコをペロペロ……って、激しく舐め出したんです。

「あ……す……凄い……」

運動場からは、体育の時間で大騒ぎしている子供達の歓声が響いてきます。もしかしたら私の娘も……彼の息子も混じっているかも……、そんな汚れのない子供達の声を聞きながらクリトリスを舐められて……もう私、感じすぎるぐらい感じちゃって。

それは、紀彦さんも同じだったみたい。

いつもなら、もっと前戯にゆっくり時間をかけて、途中でお酒を飲んだりしながら楽しむのに、この日はあっと言う間にインサートしたがって……。

　私も早く入れて欲しかったから、嬉しかった。本棚に手を突いて、彼が後ろからパン、パン……って下腹を当ててくる。アソコの中がそのたびに抉られるようで、もうたまんないんです……。

　どんどん動きが激しくなってくると、あまり本の入っていない緩い棚から、何冊か本が落ちてきて。でも、そんなこと気にする余裕もなく、私は快感がどんどん湧き上がってくるのに委せて、腰を振り続けたの。

　彼も、お構いなしに、突き立ててくる。

「凄い……ああ……凄いわ……イキそう……」

「俺も、イクよ……」

　グリグリ……って、体が裂けるかと思ったほど激しく突き立てられた瞬間、彼が中でドピュ……って。私も、もう耐えられなくなって、その場にヘナヘナって。

　ハンドバッグの中からティッシュを取り出して、その場に水たまりみたいになった精液を拭き取りました。学生時代に経験はなかったけど、やっぱり学校でするのって……スリリングで最高でした！

●会社や妻に泊まりがけの出張と偽り、部下との愛欲三昧を繰り返した日々……。

終わりなき愛欲行為……。部長と愛人秘書の秘密出張

【告白者】水野忠裕(仮名)／49歳(投稿当時)／会社員

その日、私と秘書の麻野道子は、商談のためN県のU市を訪れていました。いくつかの細かい条件を調整して、合意にたどり着いた時には、もう午後4時を回っていました。

商談が成立すると、取引先のY氏がニコニコしながら近づいてきました。

「どうもありがとうございました。仕事の話はこれぐらいにして、どうですか、軽く。今夜はこちらに……お泊りなんでしょう?」

「ありがとうございます、ぜひ……と言いたいところなんですが、実は、今夜のうちに東京に戻らなければならない用事がありまして」

「え?　そうですか、残念だな……」

「またの機会にぜひ、ということで……」

私は、申し訳ありません……と、何度も謝ってから車に乗り込みました。

「部長も人が悪いわ」

しばらくすると、助手席の道子が笑いながら言いました。

「今夜のうちに東京に戻るって……よくあんなウソが平気でつけるわね」

「戻りたいのか？」

「そんなわけないいじゃない、うふふ……」

そういうと道子は、ハンドルを握る私の股間に手を置き、軽くこすり始めました。

私は、これから始まる長い夜の予感に身を震わせて、その刺激を楽しみました。

私が、秘書の道子と、このような不倫関係に陥ってから、そろそろ半年が過ぎようとしていました。

きっかけは何だったのか……もう思い出せないほど。それだけ私達は、お互いの体を貪り合うことに、この上ない快感を覚えるようになっていたのです。いつもは、都内のホテルで、人目を気にしながら密会しているのですが、今日は私達が付き合い始めてから、初めて二人きりの出張。こんなまたとない機会を逃すわけには行きません。

会社や家には、一晩泊まって翌日戻ることにしておいて、実際は道子と近くの温泉場へ。いつものベッドでの情事と違って、しっとりとした風情の温泉旅館で、道子がどんな痴態を見せてくれるのか、想像するだけで私は股間が硬くなったほどです。我ながら、よく商談をきっちりとまとめられたものだと思うほど、前夜から興奮していました。あまりに興奮したために、妻を求め、そして思わず膣内で射精してしまったほどです。

U市にほど近い、鎌倉時代からの歴史があるというその温泉場に着いたときは、まだ5時前。夏至が近いだけあって、その時間でもまだまだ日盛りという感じ。

翌朝は二人とも午後からの出社ということにしてありましたから、ここで半日以上、たっぷりと過ごせる勘定になります。

「それでは、ごゆっくり……」

夕食をとる宴会場には、7時までに入ってくれということでしたから、あと2時間はのんびりできます。仲居が姿を消すと、私はまだスーツ姿の道子の胸に手を入れ、その豊かな膨らみを荒々しく揉み始めました。何日か前から、ずっと想像していた時間が、ようやく現実のものとなったのです。

「ぶ、部長……」

せっかく来たのに、温泉はいいんですか……と、目を閉じて囁く道子を尻目に、私は彼女を座布団の上に押し倒し、スカートを脱がせると、ショーツから透けて見える豊かな陰毛の真ん中の割れ目へ指を突っ込みました。

「ほら、もう、こんなに……」

いきなり仕掛けられると燃える彼女の性質を知っている私は、わざと乱暴に挑みかかったのです。

「いやだわ……ああ……でも……」

「なんだい？」

「ステキ……」

目を閉じて、半開きにした唇から洩れてくる甘い囁きは、正に成熟しきった女のものに間違いありません。

ギリシャ彫刻のような、その整った美貌を楽しみながら、私はさらに指を激しく動かしました。最初は湿っている程度だったのが、グショグショに濡れてしまうまで、さほど時間はかかりません。こうやって、すぐに燃え上がるのも、道子のいいところ。

指を伝ってくる、卑猥な匂いに我慢しきれなくなり、私は彼女のショーツをはぎ取ると、すっかり濡れたその割れ目へ顔を押し込み、舌でペロペロと舐め始めました。

「いやだ……シャワーも浴びてないのに……」

「いい匂いだし、おいしいよ、道子」

ピチャピチャ……ピチャピチャ……私は、彼女の耳に届くように、わざと激しい音を立てながら、ちょっぴり酸味がかった膣を飽きることなく吸い続けました。

そして、舌や唇はその中を味わいながら、指はクリトリスを押したり、アナルの入口をくすぐるように動かしてみたり。

ほんのちょっとした動きでも、道子は敏感に「あ……」「あ……ン……」と体をくねらせるのが、また卑猥でいい眺めなのです。

上半身はブラウスとブラジャーを着たまま、下半身だけ裸というこの格好も、実にいい眺め。上だけ見れば、どこから見ても一流企業の切れ者秘書という印象ですが、下半分は色情狂の淫乱女。その激しすぎる落差が、男をさらに興奮させずにはおかないのです。

そしてもう一つ、道子について特筆しておかなければならないのは、その匂いです。これは、付き合い始めるまでわからなかったのですが、普段の彼女は、美貌の持ち主ではありますが、どちらかといえば目立たないタイプ。香水の類もあまり好きではないようで、特徴的な香りといったものもありません。

ところが、ベッドで服を脱ぎ、燃え始めると、その秘所の真ん中から、実にイヤらしい、動物のような「匂い」が、部屋中にキツく流れ出すのです。おそらくフェロモンの一種なのでしょうが、その「匂い」を嗅ぐと、私は居ても立ってもいられなくなり、すぐに彼女の中に挿入したくなってしまいます。

ふだんのデートでしたら、そんなに早く挿入してしまったら、楽しむ時間がほとんどなくなってしまうので、どんなに「入れたい」と、ペニスが要求してきても、私はじっと我慢してはねつけ、さらに彼女を燃えさせるべく前戯に励みます。

しかし、今夜は……。

まだまだ太陽が明るい時間に、こんなことをして楽しめる今日という日は、この交わりそのものが前戯のようなもの。

私は、いつもの香りが流れ始めると、構うことなく彼女の脚をかかえて大きく開かせ、そしていきり勃つペニスをグイ、グイと彼女の中に一気に突っ込んでいきました。すぐにじんわり熱い襞がまとわりついてきて、なんとも言えない快感が。

「ああ……そんな……部長……凄いわ」

私は奥までググ……と進むと、ピストン運動を始めました。

「ああ……もっと……もっと……激しくして」

昨夜、妻と久々に関係を持ったこともあるのでしょうが、彼女がどんなに激しく締め付けてきても、先に達してしまうことはなさそうでした。自分の持続力に自信を持った私は、彼女が悲鳴を上げるのも構わず、ひたすら激しく突きました。

「ああ、ああ、凄いわ……部長……」

これまでもベッドでは、激しい乱れ方を見せていた道子でしたが、ここまで我を忘れて快感の余り叫び声を上げる姿は初めて。

「イヤ、イヤ……」

途中で私は仰向けになり、彼女を騎乗位でまたがらせ、腰の動きを楽しみました。私の目に写るのは、いつも会社で見慣れているブラウス姿の麻野道子ですが、その口から飛び出してくる卑猥な言葉の数々を聞いていると、とても同一人物とは思えないほどです。

「ああ……素敵、すごい……部長のお○んちん、硬い……突き刺さるみたい……」

「ああ、もっとちょうだい、お○んちん」

「お○んちん、大好きぃ～……」

「もっと突いて、私のおま○こ、裂けちゃうくらいにやって……」

そのうち道子は、白目を剥いて、どんどん呼吸も荒くなってきたので、私は再び上から体を重ねました。

体位を替えるために、一回彼女から離れ、もう一度挿入しようとすると、締め付けがどんどんキツくなっていて、奥まで入れるのに苦労するほど。

「来て、来て……もっと奥までェ……」

彼女が必死に締め付けてくるので、さすがの私も、少しずつクライマックスが近づいてきます。

「ああ、もうダメ、もうダメ、イクぅ～」

「俺も……」

「ねえ、来て、一緒に……」

「はっ！」

自分でも驚くほどの、大きな気合いと共に私は達しました。一回、二回……腰を振るたびに精液が勢いよく飛び出して、道子の燃えるように熱い膣を満たしていきま

す。(彼女はピルを服用しているのです)

「ああ……」

彼女は声もなく上体をのけぞらせ、ヒクヒクと荒い呼吸を繰り返しています。しばらくして、ようやく緊張が解けると、私は彼女から離れました。美しいピンクの裂け目から、白く濁った液体がトロリ……と、滴り落ちてきました。外を眺めると、真っ赤な太陽が西の空を染めていました。

私達は、さっきの濃厚な交わりの余韻をずっと味わいながら、お酒を楽しんでいましたが、しばらくすると、離れているのが我慢できなくなって、体を密着させ、お互いのあちこちを触り始めました。

道子は、スーツから浴衣に着替えていましたが、その艶っぽさにはたまらないものがあります。こんもりと盛り上がった胸の眺めも最高です。

「ねえ、部長……」

「なんだい」

「せっかくだから、一緒にお風呂……入りましょうよ」

考えてみたら、ホテルの狭い風呂にはよく一緒に入りましたが、のんびりくつろげる温泉は、二人にとって初めての経験なのです。露天風呂の家族風呂に足を運ぶと、運良く空いていたので、私は「使用中」の札をかけ、道子と中に入りました。

空には満天の星。傍らには全裸の美女、そして極上の温泉。男としてこれ以上の幸福が望めるものでしょうか。

私達は、時がたつのも忘れ、お湯の中でイチャイチャしていましたが、そのうち、道子が「ねえ、部長、そこの岩に座ってみて」と、笑いながら言うのです。

……。

私は、彼女に誘われるまま、浴槽の縁の手頃な高さの岩に腰掛けました。すると道子は、浴槽の中で、私が脚を開いた真ん中にこちらを向いてひざまずき、「うふふ……」と笑うと、楽しそうに私のペニスをペロペロ……ペロペロ……と、舐めてきたんです。

温泉につかっているだけでも、かなり気持ちがいいのに、その上、不倫相手の秘書にフェラチオのサービスまで受けて……。

前夜の妻との交わり、そして先ほどの夕食前の激しい交わりで、正直言って、今夜もう一回、彼女とできるかどうか、不安がなかったわけではないのです。しかし、こんな予想もしない極上のフェラで、私はすぐに元気を取り戻して、そして自分でも（こんなに大きくなったこと、あったかな……）と思うくらいの、大きくて硬いペニスが、いつのまにか私の股間にはえていました。

「素敵よ、部長……」

うっとりとそれを眺める道子の顔は、ずっとお湯の中にいたためか上気して、美しい桜色に染まっていました。

私は、浴槽の外に出て、洗い場に仰向けになりました。すると、彼女は、今度は私の顔の上をまたいで上体を曲げ、ペロペロ……と、フェラチオの続きを始めたのです。

私の目の前には、彼女のアナル、そしてピンクの中身がチラチラと覗く裂け目が広がっています。いつもの純白から、健康的なピンクへと変わっている小さめの尻を両手でつかむと、私も彼女の感じる部分をペロペロと舐めました。硫黄の匂いがするのは、お湯の成分なのでしょう。

かわいらしい皺の寄ったアナルを、舌先でツンツンつつくと、「イヤだ……ン……」と身をくねらせる道子。本当にこの、生まれついての淫乱にしか見えない女が、会社では日々クールに男達を仕切っている、あの麻野道子なのでしょうか？

「ねえ、部長……」

「なんだ、道子……」

「後で、お部屋でも……するでしょう？」

「……そうだね」

「でも、欲しくなっちゃった。大丈夫？」

「それは君しだいさ」

「私しだい？」

「そう、君がまたサービスしてくれて……カタくしてくれるなら、何度だって平気さ」

「ねえ、それじゃ……」

彼女は私のペニスから離れて、耳もとで囁きました。

「ちょうだい」

道子は、私を仰向けにしたまま、下半身の方に移動して、私の体をまたぎ、そして
ぐっしょり濡れた割れ目を見せつけるようにしながら腰を沈めて……そのままグイ、
と騎乗位で挿入してきました。

「ああ……素敵……ねえ、凄いわ」

「何が？」

「さっきより、絶対……大きくなってる」

彼女は目を閉じ、股間から伝わってくる快感をじっくり味わいながら、自分の腰をクイ、クイとリズミカルに動かし始めました。岩の間から、ゴオ……と音を立ててお湯が流れ落ちる音に混じって、ピチャピチャ……という、粘膜の擦れ合う淫らな音が私の耳に心地よく響いてきます。

「いいわ、いいわ……すごい……」

彼女は自分でEカップの胸を持ち上げるようにしながら、私の顔の方に上半身を倒してきました。私が顔を持ち上げると、両側の乳房で顔を挟むようにして、グイグイと締め付けてきます。

「フフ……気持ちいい？」

「ああ……」

柔らかいバストの脂肪を顔に押しつけられ、私は息も絶えだえ。おまけにペニスも膣の中でグイグイ締め付けられて……。

道子は、私のエキスをすべて搾り取ろうとでもするかのように、ありとあらゆるパーツを使って、私を刺激してきました。

「たまらないわ……ねえ、こんなすごいの、私、生まれて初めてかも」

「俺もだよ……道子」

「なあに」

「お前に会えてよかった」

「でも明日は別々なのよ、私達」

だからこそこんなに燃えるのかも……。

できることなら、このまま1週間でも10日でも、道子と二人で過ごしたいのです。でも、そんなことは無理だと、二人とも承知しているからこそ……この貴重な時間が、これほど濃密なものになるのでしょう。

「ねえ、来て」

道子は浴槽の中に入り、後ろ向きになって縁の大きな石に手を突きました。剥き出しになったアソコがパックリと割れています。

私は、引き寄せられるように彼女の後ろに回り、いきり勃つペニスを右手に持つと、その裂け目に向かって進みました。

「あン……」

感極まったような声を出し、彼女の体が震えました。

私は、体が安定するように、彼女の脇腹のあたりを持って、腰を前後に動かします。

「いいわ、……もっと……もっと……」

手を伸ばして、大きな乳房の下についた乳首に触れてみると、そこはもう石のように硬くなっていて。

指先で摘んでみたり、押してみたりすると、彼女は気持ちよさそうに「ン……」と顔をこちらに向けて、感じていることを私に教えようとします。

私は、これまでの生涯で一度も感じたことのないほどの快感を全身に覚えながら、ひたすら腰を振り続けました。まるでお互いの体が溶け合って、一つになったような感覚。このままお湯の中で、二人とも溶けて流れてしまうんじゃないか……。

「ダメ、もうダメ、イッちゃう～」

道子が文字通り「絶叫」。

おそらく、その声は、旅館中に響き渡ったのではないでしょうか。でも、その時は、もうそんなこと、知ったことではありません。

「イッちゃう、イク、イクぅ～」

エクスタシーの絶叫に誘われるように、私も絶頂を迎え、彼女の乳房をグイ、と握り締めると再びその中に射精……。

「ああ……すごい……もうダメ……」

力の抜けた彼女は、私から離れると、ザバン！　と大きな水音を立てて、浴槽の中にしゃがみ込みました。私もそれにつられるようにして、お湯の中へ。

しばらく温泉につかって体を休めましたが、二人ともHモード全開になっていますから、それでおしまいになる訳もありません。

浴衣を着ても、ぐい、と反り返ったままのペニスが見とがめられないように、体を妙にかたむけながら、私達は部屋に戻りました。そして今度は布団の上で、さらに熱い交わりが始まったのです……。

●一度外れたタガは、もう戻らない……。友人の亭主を貪る淫乱専業主婦。

私をこんなにエッチにしたのは、息子の同級生の父親

【告白者】三崎花江(仮名)／32歳(投稿当時)／専業主婦

「素敵なベッドね……」

「悪くないよ。座ってみる?」

私はマットレスに腰を下ろしました。その心地良さそうな感触を確かめてみたかった……というのも、もちろんあるけれど、そうしたら、祐二さんが私を押し倒してくることもわかっていたから。

腰を下ろすやいなや、予想通り、彼が私の肩を抱き、激しく唇を吸い寄せると、そのままマットレスの上に押し倒してきました。彼の剃りたてのヒゲの感触が、私の顔にプツプツと感じられて、たまらなくエッチな気分が湧き上がってきます。

彼の手が私の胸をまさぐり、そして、ショーツの中へと…。

「もう濡れてるね……欲しかった?」

いや、恥ずかしい……でも、私の口は正直でした。

「この間から、ずっと……」

「僕もだよ」

そう言いながら、祐二さんは、私のアソコの中へと指を伸ばし、確かに湿り気を帯びてきているそこをグチュグチュと、いやらしい音を立てながらかき混ぜるのです。私も……欲しくなって、私の太腿あたりに押し付けられている祐二さんのモノに手を伸ばしました。硬くて、太い。ああ……もう待ってられない。すぐにでも挿入してほしい……。いつから私、こんなエッチな女になってしまったのかしら。

お金がかかっているらしい、このダブルベッドの寝心地は最高でした。歌子さんは毎晩、こうして、この素敵なベッドで祐二さんに抱かれているのかしら……と思うとたまらない気持ちになります。行き場のない、悔しい思いが、私の心に浮いたり沈んだりして。でも、今、この瞬間、祐二さんは私のもの。

夫婦の寝室で、こうして歌子さんを裏切りながら、真昼間のエッチに浸る。ここで思い切り、歌子さんも感じたことのないくらいのエクスタシーを感じることで、彼女への複雑な思いが埋められたら……。

でも、そんなことを考えていられたのも束の間でした。別の生き物みたいに動く祐二さんの指は、私が一番感じる場所をいとも簡単に探り当ててしまい、私はもうそれだけで……。

「あ……凄い……もう……私……」

「もう、イッちゃいそう？」

「うん……」

「イッていいよ……」

「本当？　でも……」

「構わないから……後でたっぷり、感じさせて……」

グチュグチュ、グチュグチュ……。私をかき混ぜる祐二さんの指の動きが一段とスピードアップすると、もう頭の中は真っ白になってしまって……。

「イッちゃう……」

そう言いながらも、私は彼のズボンのファスナーを外し、中からすっかり硬くなっているモノを取り出しては、ギュッと握り締めていたのでした。

私が祐二さんに初めて出会ったのは、やっぱりこの家の中でした。

私は30歳で、小学校4年と2年生の、二人の子持ち。大学在学中に現在の主人と知り合い、妊娠し、卒業と同時に結婚、子どもを生みました。それからは専業主婦として、静かに暮らす毎日が続いてきたのです。祐二さんに出会うまでは……。

夫はスーパーの店長ですが、深夜営業の店なので、毎晩帰りも遅く、ここ何年か、まともな夫婦生活を送った記憶はありません。帰ってくれば「疲れた」「寝る」。目が覚めたらご飯を食べて働きに行く、たまの休みは家で寝てばかり……。

収入はそれなりにあり、不満を唱えればバチが当たりそうですが、かといって生活に余裕があるわけでもないのです。また、去年、かなり無理をして今の家を買ってしまったので、住宅ローンも重くのしかかっています。困ったことに、お隣の奥様が意地悪な方で、ゴミの出し方から何から、毎日のように文句を言ってくるのも悩みの種です。賃貸なら引っ越すことも簡単ですが、こうして家を買ってしまうと、もう動くこともそう簡単にはできないのです。

どちらかといえばマジメな性格なので、子どもの学校のPTAも頼まれると引き受けざるを得ず、それもまた、心に重い負担となっています。

そのPTAで知り合ったのが、歌子さんでした。

彼女は高校在学中に祐二さんと知り合って、こちらも「できちゃった婚」。18歳で若ママとなり、去年、うちの下の子と同時に小学校に入りました。天然そのままみたいな女性で、人もいいので、百戦錬磨のママたちにＰＴＡ役員を押し付けられてしまい、四苦八苦していたのを見るに見かねて、私がいろいろとサポートしたのです。

「私、もう、花江さんがいなかったら、どうしたらいいかわからなかったわ。本当に助かりました、ありがとう……」

少女マンガに出てくるみたいな瞳をキラキラと輝かせて、心からそう言われたときは、女の私でもドギマギしてしまったくらい。この女性なら、世の男たちはみんなメロメロになっちゃうだろうなあ……と思ったほどです。

「お礼を兼ねてゴチソウしたいから、一度、家に来てくださらない？」

ちょうどその日、夫が休みで、子どもたちの面倒を見ててくれるというので、何の気なしに彼女の家を訪れました。そこに居たのが、彼女の夫……祐二さんだったのです。まだ、最初に会ったあの日から、ほんの2週間ほどしか経っていないなんて、信じられないくらい……。

彼女たちが暮らすマンションは、この町でも一番の高台に建っていて、見るからに高級な感じ。ちょっと気後れしながらインターホンを押しました。「はーい。いま行きますね」明るい彼女の声が聞こえてきました。あの笑顔に迎えられることを予想していたら、出てきたのは……V6の岡田くんに似た、スラリとした二枚目！

「あ、あの……」

私がドギマギしていると、彼はニッコリ笑いかけてくれたのです。

「はじめまして、歌子の夫で、祐二と言います。いま、彼女がちょっと料理で手が放せないので……どうぞ、上がってください」

「は、はい……」

まさか、ご主人がいるなんて思ってなかったので、私、かなりビックリしてしまって……。こういう所に気を遣わないのも、歌子さんらしい……。

そんな私の気持ちを見透かしたかのように、祐二さんは、

「僕がいて驚いたでしょう？　出かけようか、と言ったんだけど、歌子が別に構わないから……って」

「いいわよねえ、花江さん」

台所から歌子さんが楽しそうに話しかけてきます。

「ええ、まあ……でも、歌子さんらしいな、って思ったけど」

「そう思いますか？　僕もそう思って、笑っちゃった。気を遣わせて申し訳ないですけど、でもいつも彼女が花江さんのことを話して楽しそうにしているから、僕も一度お目にかかってみたいな、と思って……」

涼しげな笑顔に、私、ちょっと、ポーッとなってしまいました。

だって、主人と結婚してもうすぐ10年近くになるけど、その間はずっと子育てに夢中で、こうやって他の男性とお話する機会なんて、まったくなかったから。

「今日は、健吾くんはどうしたの？」

そういえば、彼女の息子の姿が見えないので、尋ねてみると、

「彼の実家に預かってもらったの。三人でのんびり、シャンパンでも飲んでるほうがいいでしょう？」

歌子さんは、その後もずっと料理にかかりきりで、私は自然と、祐二さんといろいろお話をして過ごすことになりました。

この素敵なマンションは、祐二さんのご両親の持ち物なので、家賃はかかっていないこと。祐二さんの実家は、このあたりの地主で、ガソリンスタンドやスーパーマー

ケットなどを経営しており、生活に不安はないこと、など……。

ギリギリのところで何とか暮らしている我が家とのあまりの違いに、私はかなり嫉妬を覚えてしまいました。

(恵まれている人は、いいわね……)

私は、それまで、一生懸命、歌子さんのサポートをしていたことが、バカバカしく感じられてきました。

そのうち、料理が運ばれてきます。

「今日は、イタリアンにチャレンジしてみたの。召し上がってみて……」

サラダ、魚料理、パスタ……どれも本当においしくて。もちろん材料も吟味しているのでしょうけれど、料理の才能に恵まれていることがわかります。私といえば、母親譲りの、焼き魚とか煮物とかばかりで、こんなハイカラな料理など、家庭で作れるなんて思いもしなかった……。

「どう?」

「本当においしいわ、歌子さん……」

「ウレシイ……」

心の底からうれしい、という表情を浮べる彼女を見ていると、やっぱり「持っている人」には勝てないのかな……と、寂しい気持ちになってきます。

そうこうするうちに、歌子さんが、

「ちょっと一生懸命料理し過ぎて、疲れちゃった。ちょっとだけ、横になってくるから、祐二さん、花江さんのお相手しててくれる?」

「そ、そんな……私、もうお暇しますから」

「ちょっとだけ。ね、後で、ちゃんとデザートのアイスクリームもこしらえてあるの。30分ぐらい休めば、元気になるから……」

そう言われてしまうと、残っていないと悪いような気になります。それに、本当のことを言うと、祐二さんと二人きりで話せるのが、ちょっとうれしいという気持ちもありました。

歌子さんが寝室に引っ込んでしまい、祐二さんと二人きりになると、彼が、私の目をじっと覗き込んできます。いやだ、お酒のせい?

「花江さんって、本当に素敵な人ですね。あの世間知らずな歌子を、ずっと面倒見てくださったそうで、改めてお礼を言います」

「い、いえ、そんな……」

「こんなにキレイな人と暮らせるご主人がうらやましいなあ」

「私、そんなキレイとかじゃないです」

「自分でそう思ってるだけですよ。ねえ、花江さん、今度、ランチでもご一緒してくださいませんか？」

「え？」

「歌子も悪い女じゃないんだけど、ずっと一緒にいると疲れることがあるんです。花江さんみたいな、大人の女性と、時にはデートしてみたいな」

「そ、そんな……」

ポーッとなっていた私は、その時、祐二さんに求められるまま、携帯の番号とメールアドレスを伝えてしまいました。しばらくして歌子さんが起きてきて、デザートとコーヒーをご馳走になってマンションを出た後も、本当に連絡してくるかしら……と半信半疑だったのですが。

でも翌日。早速、祐二さんからメールが届いたのです。

「来週あたり、昼間、時間の取れる日はありますか？」

ドキドキしながら私は、携帯の画面を見つめていました。いいえ、来週は忙しくて時間は取れません。最初は、そう打って、送信ボタンを押そうとしました。でも……できません。

「木曜日なら……」

指が勝手に動いて、メールを送ります。

「よかった。楽しみにしています。××ホテルのロビーで、12時に」

すぐに返事が来ました。「ホテル」という文字に、心はドキドキです。

（あの天真爛漫な歌子さんを裏切ることにならないかしら……ううん、だって、食事だけだから、大丈夫よね……）

あんなに幸福な暮らしをしている歌子さんに、ちょっと、復讐してやりたい。そんな気持ちも、混じっていたかもしれません。

ホテルは、私たちの街から二駅ほど離れた駅前に建っている、この付近では一流といわれる所でした。中にはシャレたレストランやカフェ、日本料理店なども揃っています。この間イタリアンだったから、今日は日本料理にしましょうか……と、祐二さんは馴染みらしい寿司店に入り、上寿司をオーダーしています。

「あ、あの……」

「お勘定は心配しないでくださいね。このホテルも、うちの資本が入ってるので、ほとんど原価でサービスしてくれるんですよ」

おいしいお寿司に舌鼓を打ち、勧められるままお酒もちょっぴり飲んでしまって、夢心地。世の中にはこんな暮らしを普通にしている人たちもいるんだなあ……と思いながら、優雅な食事をご馳走してもらったのです。

店を出ようとすると、お酒のせいか、ちょっぴり足元がふらついてしまって。いえ、もしかしたら、私が無意識でそうしたのかも……。

「僕が仕事でキープしてる部屋があるので、ちょっと休んでいきましょうか」

祐二さんの笑顔は、あくまでも優雅でした。部屋に入ったとたん、あんなケダモノになるなんて、思ってもいなかった……。

ガチャリ、と部屋のドアを閉めると、祐二さんは、いきなり後ろから私のバストをぎゅっ……と握り締めてきたのです。

「え……？」

訳もわからず振り返ると、今度は唇を重ねられて……。

「花江さんも……こうしたかったんでしょう？」

「そんなこと……」

「ウソですよ。この間からずっと、あなたの顔には、僕にこうして欲しいって……書いてあった」

「そんな……」

お酒の力も借りて、私もすっかり大胆になっていました。

ベッドの近くまで行って、彼をそこに座らせると、ズボンのファスナーを外して、中からもう大きくなってるアレを取り出して、チュパチュパ……って。

主人のを、こんな風にしてあげたのって、もう結婚前だったから……出産したあとは、こんな気分には全然ならなくなってしまったから、本当に久しぶりだったけど、ごく自然に、こういう行為が自分にもまだできるんだってわかって、自分で自分に驚いたものでした。

（熱いし……硬いし……ピクピクしてる……）

女の本能というものなのでしょうか。私は、彼の男根を、てっぺんから根元までじっくりしゃぶり、ちょっぴり苦い味わいを楽しみました。そうしたら……

「ありがとう、今度は僕が……」

祐二さんは私をベッドに乗せて、着ているものを全部剝ぎ取ると、大きく股を開いてその真ん中に顔を埋めて、ペロリ、ペロリ……と、私の一番恥ずかしいところをゆっくり、ゆっくり舐め始めたのです。

「ねえ……シャワーも浴びてないわ……」

「こうして、最初からピチャピチャ舐めるのが楽しいのさ」

「イヤだ……恥ずかしい……」

「恥ずかしがる花江さんも最高だ……」

「ああ……もう、どうにでもして……」

専業主婦として10年、ひたすら主人の帰りを待ち、空いている時間は子どもの学校のPTAでボランティア……そんな時間をひたすら繰り返してきた私にも、こんな大胆なセックスをする力が眠っていたなんて……本当にオドロキでした。

彼は私の両脚を抱えて、ぐい……って、インサートしていました。

「す、凄い……」

その硬さ、大きさ、そして動きの激しさ……。

どれ一つをとっても、主人とは比べ物になりません。日々、生活に疲れている男と、余裕のある毎日でおいしい食事ばかり食べている男では、セックスでもこれほどの違いが出てきてしまうものなのでしょうか。

私は、また、軽い嫉妬を覚えながらも、そのめくるめくようなテクニックに体を預け、ひたすら快感に酔い続けました。

「ねえ、上になって……」

祐二さんに求められるまま、私はピンと上を向いて勃ち上がった男根をまたぐように自分の膣に収めて、前へ、後ろへと腰を振りました。動きの一つ一つに、こたえられない快感が背筋を駆け上がっていきます。

「ああ、ああ……もうダメ、いッちゃうわ……」

「いいよ、イッて……僕も、一緒に……」

「イク……、あ……もう……ダメ……」

耐えられずに私がのけぞり、彼から離れてベッドの上に仰向けになると、彼が自分で男根を二、三回、ビュッと擦るのが見えて、次の瞬間、私の顔に熱い精液が注がれました。男の匂いが、私の鼻に強烈に広がっていくのを感じながら、快感の余韻で、しばらく動くことができなくなっていました。

いったんタガが外れた私の欲望は、もうセーブすることができなくなってしまったのです。それから、彼からメールが来ると、もうそれだけで、スカートを通して、椅子までシミができちゃうほど感じるようになってしまって……。

そして……電話がかかってきたのです。

「いま、時間があったらウチに来ない？　今日、歌子が友達と会うって出かけちゃって、僕一人なんだ……」

「構わないの？」

「僕らの寝室で、してみたいでしょう？」

「……うん」

化粧もおざなりに、私はすぐ近所まで買物に出るような格好で家を出ました。子どもは……きっと、上の子が、下の子の面倒を見ていてくれるでしょう。そう、晩御飯をちゃんと食べさせさえすればいいんだわ。買物用のエコバッグだけを持って、私はフラフラと吸い寄せられるように、あの高級マンションへ……。

ドアの前で、インターホンを鳴らそうとした瞬間、ガチャリと開いて、中から祐二さんの笑顔が飛び出しました。

「ずっと見張ってたんだ、花江さんが来るのをね」

「うれしい……」

「僕も……」

求められるまま、私は体を投げ出し、彼は私の感じるところを揉んだり、摘んだり、指を挿入してきたり……。

そして、指でひとしきりイカされた後、私は彼の服を全部剥いで、思う存分舐め回してから、「ちょうだい……」

思い切り淫らに、四つんばいになって腰を突き出します。

「覚悟してね……」

彼が後ろからグイ、と入ってきた瞬間、もう、体が全部とろけてしまいそうになり……「もっと、もっと……」

感じやすくなってしまった体は、もうどうにもブレーキがききません。腰をつかまれてグイと押された瞬間、私はまた「もうダメ……」と叫びながらイッてしまって……。祐二さんの精液が、今度はお尻にドピュドピュと降りかかるのを、夢心地で感じていたのです……。

●奔放過ぎる4人組の人妻が、温泉宿を舞台にイケメンたちをハメ倒す!

温泉街でハメを外してハメまくる淫乱美熟女四人組

【告白者】安西留美(仮名)/30歳(投稿当時)/専業主婦

「箱根じゃ近過ぎるし、熱海じゃあんまり人がいなさそうだし……」

「じゃあ、草津はどう?」

「あ、いいかも……」

私たち四人は、高校時代の仲良しグループ。時々集まっては、年に何度かダンナ抜きであちこちへ旅行するのが、何よりの楽しみです。ダンナ達も、その間、息抜きが出来るから、向こうは向こうで楽しんでるみたい。

そんなわけで、この間の行き先は草津に決まりました。みんな酒飲みでもあり、移動はいつも電車とかバス。乗り込むとまず、缶ビールで酒盛りが始まります。現地に着くと、いったん部屋で酔いを醒まし、お風呂にのんびりつかって、そしてまた深夜まで宴会パート2というわけです。

ところが、いつもなら女同士で盛り上がるのですが、草津の夜はちょっと違う雰囲気になりました。食事をする大広間で隣り合わせた男性グループに、「この後、一緒にカラオケでもいかがですか？」と誘われてしまったのです。

いつもなら、丁重にお断りするところなんだけど、その男の子たち（話を聞くと、全員私たちより年下でした！）があんまりカッコよかったので、みんなグラグラきちゃって……（もちろん私も）。

聞けば彼らは、全員役者さんで、この近くでロケがあったので、仲良しグループで一泊して帰ろうかということになり、この旅館にやって来たのだとか。

浴衣の袖から見える二の腕とか、ときどきチラリと見える胸の筋肉とか、もうみんな鍛え抜かれてる感じで、キャー！　触ってみたい……。という感じなんです。

私たちも、どのコがいいとか、あのコはもらったわとか、まるで独身時代に戻ったみたいに大ハシャギ。

そんな中で、私が目をつけたのは、眼鏡をかけた、ちょっぴり羽●研二に似ている、四人の中では三枚目タイプの安田くん。顔は今いちパッとしないんだけど、腕なんか丸太みたいに太くて、筋肉フェチの私はもうイチコロ。おそらく人気が集中すると思われる、一番イイ男のタッ●ー似の浜村くんは避けて、確実にイケそうなのを狙いました。

ところが、運が悪いことに、私たちの中でもリーダー格の美奈子が、安田くんに目をつけてたんです。

いったん宴会場から出て、別々にカラオケルームに向かう途中、美奈子が私に話しかけてきました。

「留美……ねえ、あんたどのコがいいの？」

「え？　私？　安田くん」

「やっぱりー……ねえ、私に譲ってよ。私も気に入っちゃったのよ、あのコ……」

「えー……」

美奈子に頼まれると、断りきれません。私は渋々、安田くんを彼女に譲ることになりました。

ところが、残りの由香里とあづみが、安田くんでも浜村くんでもない、残りの二人を選んでくれたので、なんと私はラッキーと言うか、四人の中ではどう見てもナンバーワンの浜村くんとペアになることができたのです。美奈子に安田くんを取られた時はちょっとショックだったけど、まあこれならいいか……って感じで……。

カラオケではデュエット合戦などやって大いに盛り上がり、クローズの時間になってしまったので、彼らの部屋にお邪魔してさらに飲み続け……。

そのうち、浜村くんが「ちょっと散歩に出ない？」と、ヒソヒソ声で話しかけてきたので「いいわよ」と答え、広い館内をフラフラと散歩することにしました。

「展望台」と名付けられた広々とした屋上に出てみると、都合のいいことに私たち二人だけ、他には誰もいません。

私は、わざと展望台の入口から死角になっている場所に移動して、たいしてキレイでもない夜景を見ながら「きれいねー」なんて心にもないことを言ったりして。

その瞬間、携帯にメールが。見るとダンナから……。

「出なくていいの？」

私は力を込めて携帯のスイッチを切りました。

「メールだから大丈夫(こんないい場面でメールなんか送ってくるな！)。ねえ、それより……」

私は彼の肩に頭を預けました。

すると彼は、いきなりガバっ……と私を抱き締めて、キスしてきたんです。

やっぱり役者さんだから手慣れてるのかな……そんな風に思わせる、ソフトで、上手なキス。ゆきずりとはいえ、年下の男性に、こんなに興奮させられるなんて……。

彼は私の頭を抑えて口を開かせ、中から舌を飛び出させます。するとその先端に、自分の舌の先端を押しつけて、絡めてみたり、舐め上げてみたり。ちょっぴりワイルドなそのテクニックに、私は思わず夢中になって。胸やアソコが、ジンジンと熱くなっていくのがわかりました。

彼は、私の浴衣の胸に手を伸ばしてきました。さっきから触ってほしくて仕方がなかった胸。彼にやっと触ってもらえて、乳首がピョコンと顔を出したのがわかります。コリコリと硬くなって、とってもいい気持ち。でもお願い、左だけじゃなくて、右も触って……と思うと、まるでテレパシーが通じたかのように、右の乳首もコリコリって、指先でこね回すように刺激してくれました。

何も言わなくても、してほしいことをしてくれる男って最高。うちのダンナも、付き合い始めた頃はそうだったのに、最近では決まりきったHばっかりで。やっぱり旅先での刺激って、たまんない。開放感があるからなのかな、こんな温泉旅館の屋上で、会ったばかりの男に身を任せるなんて、普通ならあり得ないのに……。

私は自分でも、もっともっと興奮したくて、彼の前にひざまずいて、浴衣をめくって、もうすっかり大きくなった彼のモノを自分からしゃぶり始めました。淫らな女を気取って、顔を前後左右に動かしながら舌を絡ませ、喉の奥まで吸い込んでみたり……。

「留美さん、すごく上手だね。さすが人妻は違うなあ」

「イヤだ……こんなこと、誰にでもするわけじゃないのよ。浜村君が素敵だから……大きいし、硬いし……ダンナのなんかとは、比べ物にならないわ」

「ああ……たまんねえ」

本当に、こんなところで男の人のをしゃぶるのなんて、生まれて初めての経験だったし、アダルトビデオの女の人みたいに、顔をキッツキみたいに動かしながらしゃぶったのだって、それまでしたこと、ありませんでした。でも、旅って、女を本当に大胆にさせるものなんですね。

浜村くんは、それから、私を屋上の手すりに寄りかからせると、後ろから浴衣をめくってパンティを脱がせ、インサートしてきたんです。もうすっかりグショグショになってたから、入れるの自体はスムーズだったんですけど、なにしろ大きくて硬いから、奥まで当たって痛いくらい。

ときどき身体をねじりながら私を突く浜村くん。私はまるでワインのコルクになったみたいで、栓抜きのらせん状の針金が、少しずつ回転しながら奥へ進んで来るような、そんな感じ。

「ああン……裂けちゃう、裂けちゃう」

「いいよ……留美さん、最高……」

「もっと激しくして……たまんないわ」

「留美さん……」

とうとう針金が、コルクを突き抜けたような感触があって、私は次の瞬間どこまでも落ちていくような感覚を覚えました。

「イッ……ちゃう……」

「留美さん、俺も……」

浜村くんが私から離れると、私はその場に倒れ、永遠に続くかのようなエクスタシーに酔いました。フニャフニャしている私の顔に、浜村くんの生温かいザーメンが、ドピュ……と降りかかってきました。

　部屋に戻る、という浜村くんと、熱～いキスを交わしてから、私も自分の部屋に戻ろうとしました。すると、階段の脇の自動販売機スペースのベンチに、安田くんが一人で座って、缶ビールを飲んでいるんです。

「あれ……安田くん、こんなところで一人でどうしたの？　美奈子は？」

「あ、留美さん……いやあ、美奈子さんに部屋に来てって言われたんで、一緒に飲んでたんだけど、寝ちゃって。どうしようもないから出てきちゃったんだけど、まだちょっと飲み足りないし」

「そうなんだー。しょうがないな、美奈子。私さ、これからお風呂に行こうと思うんだけど、一緒にどう？」

「え？　一緒に？」

「いいじゃない、お風呂ぐらい、どうってことないよ。混浴とか苦手？」

「そんなことないけど……」

「じゃあ行きましょう。いまちょっと運動してきたんで、疲れちゃった」

「運動？　どんな？　浜村と？」

「ナ・イ・シ・ョ……」

お風呂まで来ると、運のいいことに家族露天風呂は誰も使っていません。私は「エヘヘヘ」と笑いながら「使用中」の札をかけ、安田くんの手を引っ張りながら中に。

パッパッと浴衣を脱いで（さっきグショグショに濡れたパンティは見られないように大急ぎで隠して……）、先に湯船に入ります。夜空には無数の星がきらめいて、本当に眩しいくらい。さっき浜村くんとエッチして、ベタベタになった身体がスッキリしていくような感じがします。

ほどなく安田くんが中に入ってきました。タオルで前を隠しているけど、どう見てもビンビンに勃ってる感じ。もう、男って仕方ないんだから……。

ザブーン……と、飛び込むように安田くんが私の隣へ。並んで石を枕にのんびりお湯につかり、星空を眺めていると、なんとも幸せな気分になってきます。さっきの浜村くんといい、この安田くんといい、本当に出会ってから3～4時間しか経っていないのに、こんなことしてるんだから、私って……。

「いい景色だね」

「そうね、きれいね……」

私はなにげなく、彼のモノをつかんでみました。すると、彼も手を伸ばしてきて、私の閉じた脚の真ん中に……。

　さっき、さんざん浜村くんのモノにかき回されたばっかりなのに、私のそこはとっても貪欲。安田くんのも入れて欲しいって、またジンジン熱くなってきちゃった。

「留美さん……」

「安田くん……」

　二人は高校生みたいに目を閉じて、誰も見てない露天風呂で唇を重ねました。夜風が頬を撫でて、とっても気持ちがイイ。

　私は、浜村くんと同じように、安田くんにもサービスしてあげたくなって、安田くんを浴槽の縁に座らせると、私はその中にひざまずいて、またペロペロ……って、舐め始めちゃったんです。

　1時間も経たないうちに、別々の男のモノをしゃぶってる。こんなこと、独身時代に遊び回ってた時もなかったし……考えてみれば、今のダンナと野外でHしたことなんて、一度もない。私って、もしかしたら、生まれついての淫乱かも知れないって。なんか自分でそういう風に思うと、もっともっと興奮しちゃって。

　さっきの浜村くんより、安田くんはサイズは一回り小さい感じでしたが、すごく弾力があって、ぴったりフィットしそうな感じ。ひとしきりペロペロと舐めて、安田くんも満足した感じだったので、彼にもう一度お風呂の中に入ってもらって、私はそのヒザの上に腰掛けるみたいな形で、インサート。

お風呂でイチャイチャしながらHするのって、やっぱりすごく楽しい。こんなにリラックスできる場所ってほかにないし、お互いの身体からいろいろ出てきた液体とか、すぐに洗い流せるし……。

私、しばらく安田くんに乗っかって、安田くんを私の中に入れて、そのままじーっとしてた。それでも十分に気持ちよかったし、興奮したし……。安田くんが、私の胸にキスしたり、乳首をコリコリ噛んだりすると、痺れるような快感があって。そういう風にすると、私のアソコが締まるのが自分でもわかる。するとその感覚が安田くんにも伝わって、また私をきつく抱き締めてくれる。そんなことの繰り返して、ずーっと座ってたら、なんだか二人とものぼせてきちゃったみたい。

ちょっと上がろうか……と、どちらからともなく言ったけれど、二人でそのままつながっていたかったんです。

で、お風呂の脇に置いてあった、ちょっとしたベンチみたいなところに安田くんが座って、私、もう一度その上から重なって、ヌプブってハメて。

お風呂の中だと、そんなに異物感はないんだけれど、やっぱり外に出ると、男とエッチしてるんだな……ってすごく思うんです。安田くんも、さっきは動かなくてもどうってことなかったみたいなのに、ここだと動きたくなるみたいで、腰をぐい、ぐいって動かし始めました。私もリズムを合せて、彼と一緒に動いたら……とっても気持ちがよくて。

椅子の上だと不自由なので、最後はお風呂の脇の岩の上に私が仰向けになり、彼がその上から重なるようにして、正常位で入ってきました。やっぱり気持ちいい。さっきちょっと思った通り、安田くんのって、弾力があって私にぴったりとフィットする。安田くんにハメられると、私よりも、私のアソコが本当にうれしがってるのが、よくわかるんです。満天の星空を見ながら、好みのタイプの男とゆきずりのセックス。そんなシチュエーションに酔っていると、さっき屋上でさんざんイッてるのに、またすぐ感じてきちゃって、もう大変。

「あ……イイ、イイわ……凄い」

「留美さん……」

「安田くん、私、もうダメ……イク、イク、イッちゃう～～」

「留美さん、俺もいい？」

「いいわ、来て……」

「いく……」

安田くんが一回、二回と激しく突き上げて私から離れると、私も絶頂に。さっきの屋上の時、これほど気持ちいいことないって思ったけど、今度のはそれ以上。女の快感って、ホントに底なしだって……よくわかりました。ほとんど無意識にお風呂の中に転げ落ちると、私、その中で仰向けに浮いてみたんです。もう、どう言っていいのかわからないくらいの快感。プカプカ浮いてる私。すると、その私の顔の上に、安田くん、ザーメンを浴びせてきたんです。一日二回、別々の男に顔にザーメンかけられるなんて前代未聞。私、お湯を顔にかけてそれをきれいに洗い流しました。それから安田くんもお風呂に入ってきて、二人でプカプカ。

いつまでも漂いながら、もう一度、美しすぎる星空を眺めて幸福な気分に浸りました。翌日、美奈子にさんざん文句言われたけど、まあ、やったもん勝ち！

第二章

ノンモラルな世界に迷い込んだ女と男

●予備校人気講師の仕事のやりがい……それは、子供達の成績向上と母親の熟れた肉体。

プロ予備校講師のターゲットは受講生の熟した母親

【告白者】朽木亮輔(仮名)/29歳(投稿当時)/予備校講師

百瀬佑香は、小学校6年生にも関わらず、凄まじい色気の持ち主です。身長は既に160センチ近く、体形はスレンダーだが、胸も程よく膨らみ、腰つきもなまめかしい、としか言い様がありません。

私が、もし、ロリータ……少女系の趣味の持ち主であれば、決して放っておくことはできないでしょう。ただ、私は、商売柄、商品には決して手を出さないことにしていますし、私の嗜好は、少女に対しては働かないのです。

私の仕事は、予備校講師。中学受験を目指す小学生、そして高校受験を目指す中学生を相手に、日々、算数や数学の「入試のコツ」を教えて生活を立てています。所属する予備校では「人気講師」と呼ばれ、もちろん、それだけの実績は残してきたつもりです。算数・数学を教えることは私の楽しみでもありますし、見事に難問を解いたときの子どもたちの表情を見るにつけ「この仕事を選んでよかった」と思います。

でも……。

私の本当の目的は、それだけではないのです。

私がこの仕事を通して見つけたもう一つの楽しみ……それは、生徒たちの成績向上と見返りに、その母親たちの熟れきった体を弄ぶことです。

「あの百瀬佑香ってさ、小6にしちゃ、すげえよな」

独身男性教師だけの職員控室で、そんな話題になることがありますが、私はいたってクールに「そう言われてみればそうだなあ」といった程度の反応を見せるだけ。お前、女を見る目がないなあ……と、半ばあきれられたりしながらも、特に反応することもありません。

私は、見ているところが違うのです。

(この百瀬佑香の母親は、どんなにいい女か?)

本人を見ても何とも思いませんが、そう想像するだけで、股間が熱く、硬くなって来てしまいます。

(一度、この娘の母親を……ベッドでヒイヒイ言わせて見たいものだ)

小学生の子どもを予備校に通わせるような母親は、ほとんどが虚栄心が強く、プライドをくすぐると、いとも簡単に堕ちてしまうものです。これまでに一人の例外もなかった、と断言してもいいくらいです。

もちろん、そんな「オイシイ体験」をするためには、本業である算数・数学の授業で、並以上の実績を上げていなければどうしようもないわけですが……。そうやって本業で頑張っていればこそ「もう一つの楽しみ」を、心置きなく、エンジョイすることができるのです。

(声だけでも聞いてみたい)

私は、事務室の生徒名簿を取り出すと、百瀬佑香の電話番号をメモし、手帖に書き付けました。そして無人の空き教室に入ると、携帯電話を取り出し、先ほどメモした番号を押しました。

「百瀬でございます」

しっとりと湿り気を帯びたその声は、まさしく私が想像していたような、極上の熟女そのものの声でした。この声の持ち主は、ベッドでどんな「あの声」を聞かせてくれるのだろう?

妄想は限りなく膨らんでいきますが、私は冷静を装い、受話器を握りました。

「××予備校で佑香さんを担当しております、算数担当の朽木と申します」

「どうも、娘が大変お世話になっております」

「佑香さんのことなんですが……もう、受験まで半年もありませんのに、なかなか算数の成績が思うように……」

「そうですね。でも、4月から較べると、ずいぶん伸びたように思いますが」

「ええ、それは十分。ただ志望校の圏内かどうかというと、もうひと伸び、欲しいように思うんです」

「私共も、そこは気になっているところなんです……」

「そこで、一つ、ご提案させていただきたいことがあるのですが……」

この「提案」こそが、私が母親たちを落とすためのテクニックです。予備校の集団授業では、どうしても限界がある。そこで、マンツーマンの個人補習を受けてみる気はないか？

「そうしていただけたら、本当に助かりますが……ただやはり、お金もかかってしまいますよね？」

「いえ、それほどは……。ただ、ご家庭も含めて、どれくらいやる気があるのかどうか、確認させていただかかないと、こちらも思い切って進めていくことができませんので、ご希望されるお母様には一度、こちらに来ていただいて、面接を行なう決まりになっているんです。近々、お時間取れる日はございますか……」

「ああ、そういうことでしたら、先生のスケジュールに合わせますので」

こうやって母親を呼び出すことさえできれば、もう計画は80％は成功したようなものなのです。

毎週月曜日が、予備校の休業日で、私はいつもその日に合わせて、応接室に母親たちを呼び出します。そこに用意されている立派なソファは、私の邪な欲望を叶えるのに、十分すぎるほどの弾力があるからです。

その日……私は期待に胸をときめかせながら、時間ギリギリまで職員室に籠もり、翌日の授業のための教材を作っていました。不思議なことに、こうやって「いけない行為」が直後に控えていればいるほど、いい教材を作ることが出来るのです。

コッ、コッ……きれいなハイヒールの音が聞こえてきました。どうやら、百瀬佑香の母親が、私の待ち構える網に脚を踏み入れたようです。

「朽木先生いらっしゃいますか。百瀬の母でございます」

「朽木です、はじめまして……」

私は、彼女を見た瞬間、私の妄想が間違っていなかったこと……いえ、それを遥かに凌駕するレベルのいい女であることを知りました。肩まで伸びた漆黒の髪、上品な顔立ち、一見して一流ブランドの物と見て取れるスーツ、膝丈のスカートの下からすらりと伸びた脚。どれをとっても「上玉中の上玉」です。

（この女が、俺の下に組み伏せられて快感に喘ぐのだ）

そう考えただけで、凄まじく興奮せざるを得ないのですが、ここではまだ、冷静に振舞わねばなりません。さりげなくジャケットの歪みをチェックし、眼鏡をかけ直すと、私は彼女を応接室へと誘いました。

「どうぞ、こちらへ……」

「今日、お休みなのに、玄関が開いててびっくりしました」

「休みとはいっても、僕らはやることがいくらでもありまして……」

私は、彼女と向かい合わせに座ると、ペットボトル入りのお茶を勧めました。

「早速ですが、娘の『個人補習』の件で……。お金はそんなにかからない、というお話でしたね」

「そんなに、と申しますか、その件に関しては一銭もいただきません。これまで、私の『個人補習』を受けた生徒さんは、20人ほどおりますが、全員、圏内ギリギリだったのが、志望校に合格していますので、自信を持ってオススメできます」

「お金がかからないんですか?」

「ええ。その代わりに……お母様の体で支払っていただきます」

「せ、先生……何を……」

「予備校教師は、小学校や中学校の先生と違います。自分の欲望に基づいて行動します。私は、熟したお母さんたちの体を抱くのが何よりも好きです。ただ、それだけのことなんです。もちろん、私のことを気に入ってくださったら、何度遊んでいただいても構わないのですが、一度きりでも結構です。もちろん、今日これからここで行なわれることは、ご主人も、娘さんも、一切、知ることはありません。これは一つの契約です。私は、必ず、娘さんを志望校に送り込みます」

「ですが……あんまり……」

「突然のことで皆さん驚かれます。でも、これは、皆さんがどれだけ、子どもへの教育に熱心かどうか、ということなんです。佑香さんと学校で同じクラスの野村光義くん、ご存知ですか？」

「ええ……」

「彼もこの塾に通っていましてね。……娘さんから聞いたことはありませんか？　最近、野村君の成績が急に伸びたって」

「そういえば、佑香が、野村君が一ヶ月の間に20番も成績を伸ばしたって……。あの、もしかして……」

「野村君のお母様もご存知ですよね。彼女、一見おとなしそうに見えますが、本当に教育熱心でいらして……。服の上からじゃわからないかもしれませんが、胸もひどく大きいんです。そろそろ40に手が届くお年頃だと思いますが、まだまだ形もキレイでしたよ……。わかりますか、お母さん。これは、あなたがお子さんの教育にどれくらい熱心なのかという、踏み絵なんです」

　佑香の母親の頬は、興奮のためか、赤く染まっています。あまりにも刺激的なセリフに、興奮してしまっているのが一目瞭然です。

「リラックスしてください。別に、辛いコトをするわけじゃありません。楽しいことをするんですから……」

私は立ち上がって、彼女の隣に場所を移し、肩を抱きました。ピクリ、と体が硬く震えるのが感じられます。

「楽しみましょう、お母さん」

私は彼女の耳元で息を吹き込むように囁くと、その耳たぶを咥えました。何とも言えない、成熟した女ならではの芳香が私の鼻腔を刺激します。

「ああ……」

甘い吐息が彼女の唇から漏れました。予想した通りの、何とも言えない小鳥のような美しい声です。

「ご主人のお仕事は？」

「し、証券会社に勤めています……」

「それじゃ毎日お忙しくて大変でしょう。こんなこと、めったにしてくれないんじゃないですか？」

「い、イヤ……」

私は嫌がる彼女の唇を割って、中に舌を伸ばします。逃げ回る彼女の舌を探し、捕まえ、絡めると……向こうも観念したかのように舌を絡ませ、そして腕が私の肩をがしっと捕らえました。

ここまでくれば、もうお互いに、何の遠慮もいらないというものです。

高級スーツのスカートの中に手を伸ばします。パンストとショーツ越しに、敏感な部分に触れると、ごわごわした感触が伝わってきます。

「お母さん、陰毛が濃いんですね」

「イヤですわ、先生……」

私はショーツの中へと指を伸ばします。さっき布の上から触れてもわかった通り、かなり濃い目のジャングルが密生しており、その奥地に、しっとりとした泉が男の指を待ち構えています。私はいきなり奥まで指をぐいっと差し込みました。

「あ……そんな……」

私の攻撃に彼女の体は敏感に反応し、私の指はそこでクイッと締め付けられ、身動きが取れなくなってしまったのです。

「す、凄いですね……」

「ごめんなさい、興奮すると……そんな風になっちゃうの、ウフフ……」

「舐めてもいいですか」

「どうぞ、お好きなだけ……」

彼女はいったん立ち上がると、スカートを上品に脱いで畳み、それからパンストもショーツも……。いきなり漆黒の密生したジャングルが目に飛び込んでくると、私はもう興奮してどうしようもなくなり、彼女が腰を下ろすのももどかしく、そこに頭を突っ込みました。熟した女の、それも濃厚な香り。そして顔を激しく刺してくる陰毛の感触。奥に隠れたルビー色の宝石を吸い、舐めると、そのたびに上の方から聞こえてくる「ああ……もっと……」という菩薩の囁き……。ペロリ、ペロリ……私は飽きることなくそこを舐め尽くしました。

もっと、もっと……イッちゃう、イッちゃう……。

舐めて、そして指を差し入れて、渾身の攻撃を加えると、彼女は体をのけぞらせて痙攣し、「もうダメ、いく……」と小さく喘いでしばらく身動きしなくなりました。

「気持ちよかった？」

「よかったわ……最高。主人にこんないいコト、してもらったことないわ。最近は娘の受験で家中ピリピリしてるし……。本当に気持ちよかった。でも、これで終わりじゃないわよね？」

「もちろん、これからが本番ですよ」

「じゃあ、今度は、私が……」

私が、教え子の母親たちと体を重ねるたびに思うのは、彼女たちのフェラチオテクニックの凄まじさです。もちろん、百瀬佑香の母親も、例外ではありませんでした。

彼女は、私のズボンとトランクスを脱がせ、下半身を裸にすると……もうさっきからの興奮で、そこはすっかり屹立しており、先端部には粘り気を帯びた液が光っている状態になっていましたが……まず先端に舌を這わせたかと思うと、上から下へ、下から上へ……と、びっくりするような舌さばきで、私の反応を伺いながら、ツボを見つけるとそこを重点的に責めてくるのです。これは、昨日や今日、セックスを始めた小娘には決してできないこと。

そして、サオだけでなく、時には袋まで「チュバチュバチュバ……」と凄まじい音を立てて吸い上げるものですから、こちらは気が遠くなってしまうほどの快感に襲われてしまうのです。

そして、十分に興奮したことを見てとると、今度は、喉の奥へ、奥へ……文字通りの「ディープ・スロート」。彼女の口の粘膜が私のモノに密着し、そして舌が上へ下へと行ったり来たり。さらに手で根元をゴシゴシしごかれると、もう私は暴発寸前になってしまいました。

「お母さん……ああ、凄い……」

「イキそう？　もうダメ？」

「ああ、もう、本当に……」

「イッて。まだ若いから、何度でも大丈夫でしょう」

「ああ……い、イク……」

全身から力が抜けると同時に、股間の一点に快感が集中して、ドピュ！　後から後から精液が、彼女の口の中めがけてほとばしっていきました。それでも彼女は舌や手を動かすのを休まず、次から次へと放出される精液を、一滴残らず吸い取ろうかとするかのようです。

「ふう……」

もうすっかり精液を吸い取られ、粘り気もなくなったペニスを、彼女は引き続きしごき、舐めて……。2、3分もすると、私のそれは、さっきと何ら遜色ないまでに充血し、勃ち上がってきたのです。

「元気になったわね……じゃあ、今度は、私を喜ばせてね」

そこまで挑まれたら、男として、私も、彼女をヒイヒイ言わせなければなりません。まだ彼女は上半身は衣服をつけたままでした……。私は上着を脱がせ、ブラウスのボタンを外し、そしてピンクの淫らな感じのブラジャーのホックを外しました。

そこから飛び出した乳房の美しさを、何と形容すればいいのでしょう。乳首こそ、ピンクというわけにはいかないまでも、まだ20代といっても十分通用しそうな色。そしてボリュームたっぷりなのに、少しも型崩れしていないバスト。目で見ただけでもEか、Fカップはありそうな。

「気に入った？　野村さんと較べて、どうかしら？」

「そんな……問題になりませんよ。お母さんのほうが、何倍もきれいだし、ボリュームだって……」

「そう？　うれしいな。ねえ、見てるだけなの？」

私は彼女の左の乳房を右手で持ち上げ、大きく盛り上がった先端部をチュパ……と吸いました。「あ……」また甘い吐息が耳をくすぐります。

全裸になった彼女をソファに仰向けにします。盛り上がった二つの乳房は、何ともいえずよい眺めです。私はその両方の乳房をつかんでは、自分のペニスをグイ……とそこに差し込みました。何とも言えない感触です。しばらくそうやって、ゴシゴシ擦っていると、さっきあれだけ放出したにも関わらず、またヤバい雰囲気になってきたので驚きました。いい女というものは、これほどまでに、男の精液を搾り出そうとするものなのでしょうか。

指を伸ばして、再びジャングルの奥の泉に触れてみます。さっきは、本当に「泉」という感じだったのですが、今では、たとえてみれば「滝壺」のようになっています。凄まじい濡れ方、ほんの少し触れただけでも、後から後からスケベな液体が流れ出してくる……。

「入れていい？」

「もう、早くして……思い切り、突いて！」

仰向けになった彼女の両脚を広げると、それだけで真ん中の部分から液体が一滴、二滴……と溢れ出てきます。私はそこに向けて、これ以上大きくなりようがないくらい怒張したモノを、グイ、と押し込みました。

「ああ、いいわ……」

「ふう……」

ぐぐぐ……と、奥まで押し込むと、さっき指が締め付けられたように、ペニスも締め付けられます。でも、そんな圧力に負けてはいられません。さらに奥へ、奥へ、グイ、グイ……。

「ああ、たまんない、もっと、もっと……」

真ん中のあたりを締め付けられていますが、もうそんなことにお構いなく、私は腰を降り始めました。前へ、前へ……。すると「いいわ、もっと……」と囁きながら、彼女も私の動きに合わせてリズミカルに腰を振ります。二つの動きがシンクロして、それは何とも言えない、甘美な快感が全身から伝わってきます。

「いいわ、いいわ……気持ちいい……たまんない……」

あの上品なスーツを着た貴婦人の口から、こんな淫らな言葉を聞けるなんて。

「今度は私が上ね」

彼女は私を仰向けにしてまたがると、さっき私が上になったときの動きより何倍も激しく、体を前後左右に揺さぶります。密生した陰毛が私の下腹部を際限なく刺激して、もうたまりません。見上げれば、髪の毛を振り乱した彼女の笑顔と、そしてユサユサと激しく揺れる見事な胸の曲線が……。

それを眺めているだけでもイッてしまいそうになるので、私は目を瞑り、彼女の腰の動きを味わうことにしました。ところが今度は、クイ、クイというその部分への刺激だけに神経が集中してしまうので、またイッてしまいそうになります。もうダメか……と思った瞬間、彼女が言いました。

「ね、最後はもう一度、あなたが上になってね」

さすがの彼女も疲れたのか、膣の締め付けも、さっきに較べると少し弱くなっているようです。グショグショに濡れた内部に苦労して、奥までぐいっと挿入すると、私は最後の力を込めて、腰を前へ、後ろへと激しく動かしました。

「いい、いい……ああ、イッちゃう……ねえ、一緒に……お願い」

「イクよ、イクよ、イク……あ、イク……」

私は何とか彼女の中からペニスを引き抜くと、軽く自分の手で握っただけで、勢いよく精液が飛び出し、口も目も半開きにしたままクライマックスを迎えた彼女の顔にかかりました。

「ハア……ハア……凄いわ、先生……ねえ、私、教育熱心でしょう？」

「うん……こんな教育熱心な母親、初めて見ましたよ……」

「よかったわ……これで佑香、合格できるわね。もう野村君の面倒なんか見ちゃダメよ。万一失敗したら、先生、いいこと？　一晩中サービスしてもらいますからね」

ううう、それも悪くないけど……でもプロの予備校講師としては、そういう訳にもいかないしなあ……そんなことを考えるうち、私の意識は遠のいていったのです。

●無慈悲なストーカーとの羞恥行為にのめり込んでいくバツイチ女……。

一途な想いに取り憑かれた鬼畜男に騙される豊満熟女

【告白者】津山圭三（仮名）／36歳（投稿当時）／会社員

何も私は、責任逃れをしようとして、こんなことを言うわけではありません。ただ、人生というものには、時として不思議な偶然が働くのだ、ということを、皆さんにも知っておいていただきたいと思うだけなのです。

そう、初めは単なる偶然に過ぎなかったのです。生まれてから32年、中学や高校時代に悪友たちとプールの女子更衣室をのぞいた経験はありますが、これまで本格的なのぞき行為に手を染めたことはありませんでした。その私が、こんな行為に走るなんて……。

ある夏の夜のことでした。私は、とあるアパートの2階に住んでいるのですが、暑くて窓を開け放し、テレビも電気も消して、ダラリと横になっていると、道路をはさんで向かい側の部屋の明かりがつきました。その建物もこちら側と同じようなアパートで、それまでどんな住人が暮らしているかなど、まったく興味はなかったのですが、そこに女性のシルエットが浮かび上がったので、思わず息を止めて見つめてしまいました。向こうは、私の視線などまったく感じている様子もなく、しばらく外を眺めていたかと思うと、おもむろに身に付けていたTシャツを脱ぎ、そしてブラジャーも外して、上半身裸となり、鼻歌を歌いながら、部屋の中で着がえを始めたのです。

その女性は、年のころなら私と同じくらいでしょうか、いい感じに脂ののった肉付きのよいボディは実に私好み。ちょっぴり生活に疲れた感じを漂わせながら、でもまだまだお肌の張りは十分といったところで、大人の女の色気がムンムンと伝わってきます。顔はちょっとのんびりした感じで、城戸●亜子に似ている……といったらほめすぎでしょうか？

もちろん、薄暗い中ですからくっきりと見えたわけではないのですが、一瞬垣間見えたピンクの乳首が妙に眩しくて、私は思わず勃起してしまったのです。これから男でもやって来るのか？　それともオナニーでも始めるのか？　私の妄想は膨らむばかり。すると女は、パンティ一枚の上に、大きなサイズの薄手のTシャツを羽織って、部屋の隅に置かれたベッドに寄りかかり、煙草に火をつけ、そしてビールを飲み始めました。私は、次に何が起こるのか見極めようとして、息を押し殺して向いの部屋の観察を続けたのです。

そのうち目が疲れてきた私は、趣味の鉄道撮影のために準備してあるビデオカメラの存在を思い出しました。これは、光学ズーム20倍というスグレモノで、20～30m先の様子なら、手に取るようにモニターに写し出してくれるのです。

しかし私は迷いました。今、ここでゴソゴソと動き、もし気配を悟られてしまったら、もう向かいの彼女は二度とこんな大胆な振る舞いをしてくれなくなるかもしれない。一方、今夜はこれで我慢しておいて、明日、向こうが留守の間に角度を考えてカメラをセットしておけば、これからも長い間……少なくとも暑い夏の間は、彼女のあられもない様子をたっぷりと楽しむことができる。

悩んだ末、私はその晩、カメラをセッティングすることをあきらめ……先ほど一瞬だけ見えた彼女の乳首をオカズに、オナニーしてから眠ったのです。しかし、いつものAVなどとは違って、手を伸ばせばそこにいるような女性の感覚は圧倒的に生々しく、精液の飛び方もびっくりするほどでした。

翌日、私は仕事を休んで彼女の部屋を（もちろん外側から）下調べしました。彼女の名前は広川澄子……ポストにも表札にも名字しか書いてありませんでしたが、ポストの中に入っていた電話の請求書で簡単に名前はわかりました。ポストにはカギはかかっていませんでした。

私は、彼女の郵便物を部屋に持ち帰り、蒸気を使ってわからないように開封し、電話料金の内容やクレジットカードの使い道などをチェックしました。きわめて堅実な生活を続けているようで、そんなところも私の好みにはぴったりです。

午後一杯かけて、ビデオカメラをセットしました。何度も外に出てはチェックして、外側からはカメラが設置されていることがまったくわからないような角度を工夫しました。

そして彼女が帰宅……私は昨日と同じように自分の部屋の明かりを消し、そしてテレビを外側からはわからないように部屋の隅に移動して、スイッチを入れました。うまくいけばこの画面いっぱいに彼女の姿が映し出されるはず……。

カーテンが開く音がして、カチャリと窓のカギが外され、そして画面一杯に彼女の姿が飛び込んできました。成功です。彼女は昨日と同じように上半身裸になって着がえ、煙草を吸い始めました。そのうち立ち上がり、シャワーを浴びに行ったので、私はカメラを動かして部屋の中を観察しました。一人暮らしですが、きちんと片付けられていて、とても気持ちのよさそうな部屋。衣装ケースの上には何枚かの写真が置かれていて、写っているのはどれも同じ3歳ぐらいの女の子でした。どことなく面影が似ているところから考えると、彼女の子供なのか……。

離婚して、夫のもとに娘を置いてきたのか、あるいは田舎の親のところに預けているのか？　30がらみの肉付きのよい、城戸●亜子に似た広川澄子は、ますます私の妄想に火をつけます。

1週間ほど観察を続け、彼女の生活パターンが読めてきたころ、私は思い切ってその部屋に忍び込んでみることにしました。あまり手荒な手段は使いたくなかったので、念のため……と、ポストの裏側に手を伸ばしてみると、なんとそこにちゃんと部屋のスペアキーが置いてあるではありませんか。私はそれを持って近所の金物屋へ行き、コピーを作るとさっきと同じポストの裏側の隠し場所に戻しました。これで彼女の部屋はフリーパスです。

興奮する気持ちを抑えきれず、私は部屋の中へ滑り込みました。私の部屋から見えなかった部分の壁には、例の女の子が描いたのでしょう、「おかあさん」と拙い文字の入ったクレヨン画が貼り付けてあります。ビデオデッキにテープが入ったままになっていたので、動かしてみると、例の写真の女の子が飛んだりはねたり大騒ぎ。幼稚園の運動会の模様を撮影したビデオのようです。女の子の名前が、「真理恵」だということも、彼女が別れた夫のもとに残されていることも、その住所も、部屋の手紙類から突き止めました。どうやら相手の家は大変な名家で、彼女がソフトウエアのプログラマーとして忙しく働いているのが面白くなく、なんだかんだと理屈をつけて離婚させてしまったもののようでした。これだけのネタを手に入れれば、もう後は赤子の手をひねるようなものです。

私は、さらにじっくり観察を続け、部屋には盗聴器も置き、澄子の行動パターンを完璧に掌握し、時期が訪れるのを待ちました。

暑かった夏が終わり、秋の気配が強くなった頃……ある夜、それまでは毎晩窓を開け放して着がえをしていた澄子が、窓を閉めたまま着がえするようになりました。

私は、時が来たことを知り、動きやすい服装に着がえると、彼女の部屋へと向かったのです。

ノックをすると、「はーい……」という聞き慣れた澄子の声が聞こえました。この声が、私に組み敷かれ、私の肉棒に貫かれるとき、どんな声に変わるのか……そんな想像をしただけで私は勃起していました。

「広川さん、お届けモノです」

「はーい、ちょっと待ってください」

彼女はドアを開けて、私が何も持っていないのに気づくと、怪訝そうな表情を見せました。

「あの、届け物って……」

「真理恵ちゃんのことで話がある。ちょっと中に入れてくれ」

「真理恵……真理恵がどうかしたんですか」

「ちょっと入れてくれ。ここでは話しにくい……Jさんからの話だ」

私は、彼女の別れた夫の名前を出し、強引に中に入りました。

「あなた……どなたですか？」

「真理恵ちゃんは、俺の仲間が預かっている。無事に帰してほしかったら、俺の言うことを聞け」

「え？　あの子が？　どうして？」

「わからないかな。誘拐したんだ、俺たちの仲間が」

「あの子は……？　無事なの？　大丈夫なの」

「俺の言うことを聞けば、すぐに家に帰れるはずだ」

「どうすればいいの……お金？」

「金なんかいらない。あんたが欲しい」

「私？」

「ダンナと別れてもう2年だ。いくら娘がかわいくて、新しい男を作る気にはなれないといえ、体はそんなことないいんじゃないのか」

「やめて……警察を呼ぶわ」

「やめたほうがいい。俺がこの携帯で電話をかければ、すぐに仲間がダムに突き落とす手筈だ」

「わかったわ……どうすればいいの？」

「まず服を脱げ、ゆっくりと」


私は澄子のストリップを堪能しました。Tシャツを脱ぐときに、ちょっと首を左に傾けるしぐさ。そして、上半身裸でいるときに前かがみになると、左の乳房が垂れ下がってできる影……。すべては見慣れた風景でしたが、これまでにはない至近距離で、しかも生の映像ともなると感激もひとしお。用意したカメラのシャッターを次々に押し続けながら、全裸になった澄子を床に転がし、大きく股を広げさせると、右手でその真ん中の、ぱっくりと赤く割れた谷間に強引に指を突っ込み、感触を味わいました。前戯もなく、いきなり指を入れられて、その部分はどうなのかと思いきや、しっとりといい感じに濡れています。どうやら澄子本人も男の目の前で服を脱がされ、そして犯されようとしているこの異常な状況に、興奮を覚えているようでした。中からは、熟れた女ならではの淫らな匂いが、プンプン……と流れ出してきています。

私はもう、彼女が最初にTシャツを脱いだ瞬間から既に勃起していました。久しぶりに見る女性器の風景に、私は矢も盾もたまらず挿入してしまうと、すると彼女も「あぁ……」と感に堪えず吐息を洩らしたのです。これまで押し殺してきた「女」が一気にあふれ出したのか、彼女は脚を大きく開いたかと思うと私の胴に巻きつけて、私の動きを促すかのように腰をヒクヒクと回転させるのです。

私はなすすべもなく、時折シャッターを押すのが精一杯。ただひたすら彼女に捕らわれた雄かまきりのように、その瞬間を先延ばしにしながら腰を前後に動かすことしかできませんでしたが、最後には「あ……イク……」と小さくつぶやいて、彼女の中に精液を注ぎ込みました。すると彼女の下半身は淫らな動きを瞬間に停止し、クールな声が飛び出してきたのです。

「さあ、あなたの要求に答えたわ。真理恵の声を聞かせて」


「あれはウソだ」

「え？」

「娘さんは無事だ。今ごろ旦那の家で、ばあさんの作った飯を食ってるだろう」

「そんな……あなた……一体、何者なの？」

「オレはあんたの女性を目覚めさせに来たセックスの使者さ」

「……はあ？」

「わからないか。オレはストーカーだ。あんたに一目ぼれしてから、あんたのことをずっと調べてきた。広川澄子さん、オレはあんたのことなら何でも知っている。そしてこれからも、あんたはオレの言いなりだ」

「どういうこと？」

「さっきのあんたとのセックスは、オレがカメラで一部始終を記録している。これを向こうの家のばあさんが見たらどうすると思う？　もちろん娘との面会権なんぞ取り消しだ」

「そ……そんな……」

「声もバッチリ録音してある。あんたのヨガリ声、最高だな……あれを真理恵ちゃんに聞かせることもできるぞ」

「……やめて」

「オレの言うとおりにしていれば、娘さんも大丈夫だ。今まで通り、働き続けてもらっても、けっこう。何も変わらない。オレが望むときに、奴隷になってくれさえすれば」

こうして私は、広川澄子という、意のままになる性の奴隷を手に入れたのです。もしかしたら、私は彼女に訴えられ、逮捕されていたかもしれません。しかし、そうならなかったのは、彼女の中の女の部分に私が火をつけて、私との淫らなプレイを思う存分楽しむようになったからではないでしょうか。

娘に会うことのない休日、彼女は外出します。私は自分の部屋から彼女を見張っていて、彼女が出かけると、気づかれないようにして後をつけます。行き先は渋谷、あるいは新宿などへショッピング。近くの公園へ散歩に出ることもあります。

私は、彼女の行動パターンを熟知していて途中で待ちかまえ、たとえばショッピングビルなら、近くのあまり人の出入りの少ない雑居ビルへと連れ込み、非常階段や屋上などで強姦するのです。

先日も、彼女が私に犯されたがっているのを十分に感じながら、私はなかなか姿を現しませんでした。そして、彼女がなんとなく気落ちして帰ろうとしたところ、最寄り駅の改札口で腕を掴むと、そのまま人気のない幼稚園の敷地へと彼女を誘い込み、人目につかない用具置き場で後ろから犯したのです。

「イヤだ……こんな所で……」

「何がイヤだ、だ……本当は一刻も早く犯されたくてウズウズしていたんだろう?ほら、もう、こんなにグショグショだ……」

「あなただって……こんなに大きくなって……私が欲しかったの?」

「ふふふ……オレが本当に欲しいのは、真理恵だといったらどうする……」

「お願い……イヤ……それだけは……」

「母娘並んで犯されるっていうのはどうだ？　スケベ女……そんなこと考えただけで、またこんなに濡れてきやがって……」

「やめて、お願い……」

私は彼女のブラウスのボタンを荒々しくはずすと中に手を伸ばし、乳首の尖ったバストを揉みます。不思議なことに、私が犯すようになってからサイズが少しずつ大きくなっているような気がします。

そしてスカートを脱がせ、剥き出しになった下半身に、猛り勃つペニスを押し込んでいくと、膣はクイクイと締め上げてきて、一刻も早く私の精液を搾り取ろうとするのです。私はその刺激に負けないように頑張り、お互い下半身のすべてをぶつけ合って汗みどろになり……。

「ああ……もっと……もっと突いて……もっと激しく……そんなんじゃダメよ……もっと」

「こうか？　こうか？」

「もっと……もっと……ああ、そう、いいわ……突いて、突き抜けて、私を殺して！」

「殺してやる……どうだ、どうだ……」

「ああ……死ぬ……イク……もうダメ……」

私は彼女の中にぶちまけ、感触をたっぷり楽しんだ後、離れます。後ろから見ていると、彼女のマ○コは、まるで饅頭のように盛り上がり、白い精液がその真ん中からツツ……と滴り落ちてくる光景がたまりません。さらなる刺激を求める私達の性の遍歴は、まだまだ続いていくようです。

●早熟な兄妹が弟を巻き込んで、決して許されない禁断の扉を開く！

兄弟にサンドイッチされる私……でもやめられない！

【告白者】亀田由実（仮名）／26歳（投稿当時）／アルバイト

私たちはもともと、とても仲のいい兄妹でした。二つ年上の兄とは、子供の頃からどこへ行くのも一緒。中学生ともなると、性別が違えば、いくら仲がよくても一定の距離を置くようになるものですが、私たちは違いました。家にはもう一人、私と年子の弟がいますが、弟とも別に険悪な関係というわけではなく、普通に仲よく付き合っています。でも、兄と私の関係は、特別なのです。波長が合う……と言えばいいのか。いえ、もう、今となっては「体が合う」としか言いようがないかもしれません。

兄と初めて……した日のことは、よく覚えています。雨の降る日曜日の午後で、私が中学1年、兄が3年でした。弟は部活で出かけており、両親も親戚の結婚式で留守。私たちは、私の部屋でCDを聞きながら、他愛もない話をしていました。私はベッドに仰向けになり、兄は椅子に座っていたのですが……。

「由実、お前、最近、胸が出てきたな」

「イヤだ……お兄ちゃん、ヘンなとこ見ないでよ」

「でもそうやって、仰向けになっていてもそんなに盛り上がってるんだから……」

「仰向けで盛り上がってるのって、そんなに凄いこと？」

「そりゃお前……万有引力の法則ってものがあるからな。ちょっとぐらいの盛り上がりだったら、仰向けになるとわからなくなっちゃうもんだぞ」

「へーえ……お兄ちゃん、なんでそんなこと知ってるの？」

「バカ……お前、理科の時間に習っただろ？」

兄は顔を真っ赤にして照れています。照れ隠しに、ベッドにいる私の方に飛びかかってきて、私の腋の下をくすぐり始めました。

「イヤ、やめて……お兄ちゃん……ハハハ、くすぐったいよ……」

「ほーら、これで、どうだ……」

二人で大笑いしながら、ベッドの上でもつれていると……なんだか妙な感触が、私の下腹部あたりを刺激するのです。

「お兄ちゃん、何、これ……」

「何って……触ってみるか」

そう言って兄が私の手を導き、触らせたものは……そう、既に勃起して硬くなっていた、兄のペニスだったのです。

「イヤだ……これって、もしかして……お○んちん？　お○んちんって……こんなにおっきくなるものなの？」

小学校の性教育の時間で、男女の営みについての知識は持っていました。でも……実際の男の人のアレが、こんなにも大きいモノだなんて……想像もつきません。

「もしかして……お兄ちゃんのって、人のより大きいの？」

「……バカ、そんなことないよ。俺のなんか、どっちかって言うと小さいほうだ」

「えー、これで？」

私はどうしたらいいのかわからず……それでも、初めて握る勃起したお○んちんの感触がなんだかとても心地よくて、そこから手を離せずにいました。そのうちなんだか、私もヘンな気持ちになってきちゃって……。やっぱり私も触ったり、触られたりするのが、好きだったんでしょう。

私たちは仰向けに並んでベッドに横たわっていて、私は兄のジャージの中に手を伸ばして、お○んちんを握りしめていました。

「ああ、由実……」

「何、お兄ちゃん」

「俺のに触らせてやったんだから、お前のも触らせてくれ」

「胸？」

「そうじゃない、こっちだよ」

今度は兄が私のジャージに手を伸ばし……下穿きの中に入ると、私の大切な場所をくすぐるように、優しく触ってきたのです。

「こんな風になってるんだ……」

「あ……そこ」

「何？」

「お兄ちゃん、そこ、もっと……触って……そう……そんな感じ……」

後から考えると、その時兄は、私のクリトリスに触っていたのです。前から自分でいじってみたりすることはありましたが、男の人に触られるのって……また、別の感じ。興奮するって……こういうことなんですね。後から考えてみると、もう私、……けっこう濡れてきてたみたいなんです。私はこの素敵な感じを兄に伝えたくて……兄を握っている手に力を込めました。

するとと兄はその手をふりほどくように起き上がると、私の上にのしかかってきて……。


「由実……」

「お兄ちゃん……」

「もう我慢できないよ」

兄は私のジャージを脱がせ、パンツも取り去ると、大きく脚を広げさせ、その真ん中にさっきよりもさらに大きくなったモノをあてがってきました。

「イヤだ、お兄ちゃん、痛いよ……」

「大丈夫……すぐに気持ちよくなるよ」

もともと仲のよかった兄ですから、こういう関係になっても、私はまったく構わなかったのです。でも、最初はやっぱり……濡れていたとはいえ、痛かった。気絶しちゃうかと思ったくらい。それでも、グググ……と、肉を押し広げられるように、兄が私の中に入り込んできたときは、ちょっと感動しました。これで私も「女」になったんだな……って。

「由実……」

兄もまだそのころは、ほとんど経験がなかったようですから、挿入したら、何度か腰を動かして……射精して終わり。私は下腹部のあたりから伝わってくる、なんとも言えない甘い感触に酔ったようになっていました。

それから3年。兄は高校3年、私は高校1年になりました。私は……自分で言うのも何ですが、けっこう美人の部類に入ると思います。芸能人で言えば……ちょっぴりグラマーな広●涼子って感じかな。学校でも男の子にしょっちゅう、告られたり、デートに誘われたりしますが……そんな気にはなかなかなれません。だって、兄との関係が続いているから……というか、兄とのHの気持ちよさに溺れているから……。

実は去年、こういう関係がずっと続いてるのって、あんまりよくないんじゃないかな……って思ったことがあって、ちょうど同級生にデートに誘われたので、その時思い切って……一度、してみたんです。その彼と。そしたら彼は……童貞だったんですけど、なんだか挿入する前にほとんどイッちゃってたくらいに興奮して。Hの本当の楽しさを、ちっともわかってないから、私もガックリきちゃって。「愛してる」なんて、そんなセリフを中学生に言われても困りますよね。結局一度しただけで、私の方からふっちゃいました。やっぱり兄としてる方が、楽しいし。いつでも家で好きなときにできる、というのも大きいし。他の男の子とする……となると、家なら親を気にしなければならないし、ホテルとか行くのでもお金がかかりますし……。

ところが先月、事件が起きました。

1つ年下の弟は、日曜日はずっと部活で家を空けていることが多かったのですが、中学3年になって引退。受験勉強のため、最近では家にいることが多いのです。

私と兄は、……本当なら、弟が隣の部屋にいることがわかっているのですから、あんまり真っ昼間からイチャイチャしないほうがよいのでしょうが……逆に、弟が隣にいるから……と思うことで、よりセックスの快感が高まるという状況を楽しんでいました。

ところが、いつもなら私の部屋のドアはきちんと閉めておくのですが、その日に限って、どういうわけかちょっと隙間が開いていたんですね。

いつものように、兄が私のベッドに入り込んで……キス、そして私が全裸で仰向けになった兄の足元で四つんばいになり、兄のものをしゃぶっていたその時……。何だか人の気配を感じて、ドアのあたりを見ると……弟と目があったのです。勉強に疲れた弟が、ちょっと気分転換に散歩に出ようとしたところ、私の部屋から妙な気配が伝わってくるのに気がついて、覗いてみた……ということのようでした。

「充宏？」

私の声に兄もびっくりしたようで、ドアの方を見ています。

「充宏、そこにいるのか？」

兄は全裸のまま、ベッドから降りるとドアの所まで行き、そこに茫然と立ち尽くしていた弟を部屋の中に引き入れました。私も生まれたままの姿で、どこを隠すわけでもなく、弟をじっと見つめていました。

「兄ちゃん……姉ちゃん……」

「充宏……別にあんたを仲間外れにしてたわけじゃないんだけど」

「二人で何やってんだ……何が何だかわかんねえよ……」

「わかってないこと、ないでしょう。あんたにだって、私たちと同じ血が流れてるんだから……。これがどういうことなのか、十分わかるはずよ。ほら、少なくとも、ここはよくわかってる」

私は立ち尽くす弟に近づき、その前でひざまずきました。そして、ズボンの上からでもしっかりわかる、エレクトしたペニスを優しく取り出すと、それまで兄に対していたのと同じように、その先っぽを口に含み、そして根元のあたりを優しく、優しくさすりはじめました。

「姉ちゃん……うう……こんなのって……」

受験勉強続きで「たまって」いたのかもしれません。二回、三回……とシゴいただけで、充宏は「う……」と呻きながら私の口の中で果てました。兄弟とはいっても、やっぱり精液の味って微妙に違うものなんですね。

私は舌で、弟のそれをピチャ、ピチャ……と音を立ててきれいにした後、立ち上がり、弟の目を見つめながら、頬の内側に残っていた精液をゴクリ……と飲み干しました。

兄は私の横に立って、ニヤニヤ笑いながら一部始終を眺めています。

「どうだ、姉ちゃんのフェラチオは……」

「どうだって……こんなことして、いいのか」

「いいのか……って？　何か悪いことでもあるのか」

「そんな……きょうだいで、こんな……」

「世間じゃこういうのは、あまりいいことじゃないんだろうな。だけどな、充宏……だからこそ、普通のセックスより、何倍も、何十倍も、感じるものなんだよ。今までは俺と由実と……二人きりの秘密だったけど、今日からは俺と、由実と、充宏、お前と……三人の秘密だ。わかったな」

私は弟の服をすべて脱がせてやりました。これで三人とも……全裸です。両親は留守、夜まで戻りません。たぶん、子供たちに気を遣って、近くのラブホテルで、向こうは向こうで楽しんでいるのでしょう。

「由実、あれ、やってみないか？」

兄が声をかけてきました。

「お兄ちゃん、あれって……何」

「よくAVでやってるだろ？　俺と充宏が二人で立つから、お前がその真ん中にヒザ立ちになって、二本同時にしゃぶるのさ。充宏、そこに立って……」

「こうかい、兄ちゃん」

「そうだ……ほら、由実……」

兄に促されて、私は右手に兄、左手に弟のモノを握って、交互にぴちゃ、ぴちゃ……って舐めました。弟は、いま射精したばかりだったのに、私がちょっと口に含んで、手でシゴいただけで、またムクムク……って、大きくなってきたのには驚きました。

それにしても、やっぱり兄弟だけあって、サイズとかもよく似てるんです。兄の感じるところは、弟も敏感みたいだし……。

私自身も、すっごく……興奮してきちゃって。アソコの奥の方が、どんどん濡れてきているのが、わかります。でも、両手で一本ずつペニスを握っているせいで、自分で自分に触ることができず……それで逆にまた、興奮が大きくなったりして……。

しばらくすると、そんな私の異常な興奮ぶりに気がついたのか、兄が弟に声をかけました。

「充宏、今度は、お前が、お姉ちゃんにサービスするんだ」

私たちはベッドに移動。私は大きく脚を広げて座り、弟がその真ん中に……。

「充宏、お前、童貞か」

「う……うん」

「そうなんだ、したことないんだ……大丈夫だよ、お姉ちゃんが……教えてあげる。じゃあ、よく見て。これが女よ」

「こんな風に……なってるんだ……」

「そう。これが大陰唇……こっちがクリトリスよ。触ってみる？」

「いいの？」

「もちろん」

弟は、おどおど……と、慣れない手つきで私に触れてきました。その初々しさが、また、とっても素敵。

「じゃ今度は……お姉ちゃんの、そのあたりを……舐めてみて」

弟は、私に命じられるまま、私の股間に頭を押しつけて、舌でぴちゃ、ぴちゃ……。

「ねえ、どんな味がするの」

「なんだか……ちょっぴり、酸っぱい。でも」

「でも？」

「お姉ちゃんのここ……いいね。柔らかくて、ヌルヌルしてて」

弟は無我夢中で、顔全体をそのあたりに押しつけて、上から下へ、下から上へ、舐めたり、吸ったり、時には噛んでみたり、もう大変なんです。もちろんテクニックも何もあったものではありませんが、初めて女性のそこに触れることのできた「歓び」が感じられて、私もすごくうれしかった。

「充宏……いいよお、とっても。もっと、もっと、激しく……そう……ああ、最高」

「凄いな、充宏」

傍らで弟の奮闘ぶりをじっと眺めていた兄も声をかけます。

「俺は由実を初めて舐めたとき……そんなにほめてもらわなかったぞ」

「そう？　俺、素質あるかな」

「そりゃ、あるさ。この……淫乱なお姉ちゃんの弟なんだから」

「ヤだ、やめて、お兄ちゃん」

私は体育座りのようなスタイルで、弟に股間をしゃぶらせていたのですが、今度は兄が立ち上がり、私の目の前にペニスを。私は自分からそれに手を差し伸べ、まるでアイスキャンディーの味見をするかのように、裏筋のあたりを下から上へ、舌先を這わせて、ペロリ、ペロリ……。

弟のひたむきなクンニ。ぴちゃ、ぴちゃっていう、淫らな音、そしてザラザラした舌の感触……私が受けているその歓びを、私は舌と唇と指先に込めて、兄のペニスへと伝えます。ちゅるちゅる、ぴちゃぴちゃ。

「うう……凄いぞ、由実……こんな凄いおしゃぶりができるなんて……」

「充宏のおかげよ……何か、凄い……あン、一生懸命舐めてくれるから……私も燃えてきちゃって……ン」

「充宏」

「何、兄ちゃん」

充宏が私の股間から顔を上げて、兄の方を見ました。顔全体に、私の中から溢れてきたおツユがついていて、テカテカと光っていて……。

「そろそろ……入れたいんじゃないのか」

「いいよ、兄ちゃん、お先に」

「うん……いや、ちょ、ちょっと待てよ。いいこと考えたから……。お前、ちょっと脇にいろ」

充宏はベッドの下の方に移って、兄が私にしようとしていることをじっと観察しています。

私は四つんばいにさせられて……びっくりしたことに、兄が私のお尻の穴を、ぴちゃ、ぴちゃ……って舐め出したんです。

「お兄ちゃん、ヤだ……そんなとこ」

「気持ちいいだろう？　お前の肛門も。ヒクヒクって動いてるぞ」

「え？　そ、そんな……」

でも……確かにその時、気持ちよかったんです。アナルセックス……って、言葉があるのは知ってましたけど、やっぱりセックスって、真ん中の穴でやるものっていう硬定観念があったからなのか、それまで自分から試してみようという気にはなりませんでした。

だけど、コレは……なんかすごく気持ちよさそう。病みつきになっちゃいそう。兄が口の中で舌を動かし、唾液をたくさん出しては、私のお尻の穴に垂らして、舌でそのあたりを舐め回して、それから少しずつ指をインサートしてきて……。

「お兄ちゃん……それ……凄いかも……」

「わかるか、由実……いま、指が2本入ってるんだ」

「あ……ヤだ、そんなの……凄すぎる」

いつも挿入されている、膣の中が「表」だとしたら、これってその場所を「裏側」から刺激されてる感じ……。四つんばいになっているのが精一杯で、ちょっと気を緩めると、そのままベッドに倒れちゃいそう。

「柔らかくなってきたな……これなら大丈夫そうだ」

「大丈夫って……何が？」

「アナルにも……インサートできる」

私には、その時やっと、兄の考えていることがわかりました……そして、それを想像するだけでも、また興奮。兄は、弟と一緒に、私の前の穴と後ろの穴に、同時に挿入しようと考えている……。

「兄ちゃん、俺、どうすればいい」

「そうだな……まず、お前、そこに仰向けになれ……そう、脚を閉じて……そしたら、その上に由実が座る」

充宏にとっては、初めての女性器へのインサートなのに、それが騎乗位で、しかも3P……これからの彼の性生活が、妙なものにならなければよいのですが……。

私は、充宏の体の両側に脚を置いて、少しずつしゃがみこんでいきました。そしてビンビンに勃っているペニスを右手で持つと、自分の中に導いて……。

「あ……姉ちゃん」

「何、充宏？」

「すげえ……女の人って、こんな風になってるんだ……想像してたのと全然違うよ」

「気持ちいい？」

「すごく……ああ……姉ちゃん、たまんないよ、俺、もう……」

「我慢しなさい。ここで我慢すれば、もっともっと……気持ちよくなれるんだから」

でも、充宏のも……気持ちよかった。兄とはもう……、3年も、毎日のように……してましたから、テクニックはずいぶん発達したかもしれませんが、こういう初々しさはずっと昔に忘れてしまっていました。充宏の、ストレートな腰の動きは、そんな忘れていた、セックスができる歓びを思い出させてくれます。

兄はしばらく、私が充宏の上で腰を振るのを見ていましたが、奥までしっかり入っているのを確認すると、今度は私の体を前に倒しました。私と充宏は、つながったままで、上半身も密着してて。充宏のバスケットボールで鍛えた厚い胸板が素敵。充宏は充宏で、私のオッパイが触れるのにまた興奮しちゃってるみたい。

「じゃ、由実。今度は後ろから行くぞ。力を抜いて……」

後ろから、兄が、窮屈そうにしながら、アナルにペニスを押しつけてきました。でもやっぱり……ちょっと痛い。

「お兄ちゃん……痛い」

「ちょっと我慢しろ、すぐに奥まで入ると思うから……」

兄は一度そこから離れると、今度は顔を押し付けてきて、またさっきみたいにベロベロ……と舐め始めました。そして、いい加減、ぐっしょりと濡れたところで再チャレンジ。

私は、そんな所に入るのかな……って、まだ半信半疑だったんですけど……驚いたことに、兄のモノは、私のお尻に、ごく自然に吸い込まれていったのです。

膣には弟、肛門には兄。前後の穴に2本のペニスを差し込まれ、粘膜がサンドイッチされたみたいに同時に裏表から刺激されて、私はもう、どうしたらいいのかわからないほど感じてしまいました。

三人の体が、複雑に入り乱れているから、兄も弟も、そんなに動くことはできないようです。でも、全然オッケー。こうして2本同時にインサートされてるだけで、なんともいえない快感がジワジワと……。

私は、弟の体の上で、少しずつ、体を回転させるように動いてみました。すると、その私の動きに連れて、アナルに入っている兄のモノも同時に動いて、ちょっとした動きだけでも、おかしくなっちゃうくらいの刺激。

変な動きをすると、二人のペニスが折れちゃったりするんじゃないかと、それが私は心配だったのですが、うまく動ける角度を見つけて、私は腰を振り始めました。

「あ……姉ちゃん」

「なに、充宏」

「すごいよ、すごいよ……俺、もう……」

あ……と、叫んだかと思うと、弟は思い切り腰を突き上げ、次の瞬間、私の膣の中にドピュピュピュピュ……。私も、そのクライマックスと同時に、まったく動けなくなってしまうほどのエクスタシーを感じましたが、それでも後ろの穴に入った兄は動き続けています。

「由実……俺も……イク……あ」

兄は私を痛がらせないように、激しい動きは控えていたようですが、フィニッシュはやはりハードになって、私の尻をつかむと、思い切り中に向けて……。

「イク……」

「来て、お兄ちゃん……あ！」

「姉ちゃんも、兄ちゃんも……凄すぎる」

膣と、アナルと……両方の穴から、ぬるりとした液体が少しずつ流れていくのを感じながら、私たち三人は、いつまでもつながったままで余韻を楽しんでいました。もし両親がこの姿を見たら……何て言うかしら？

●陵辱されている瞬間ですら、より強い快感を求め身悶える淫乱女子大生。

体育会系男子とのセックス。まさか中出しなんて……

【告白者】桧山雪乃（仮名）／22歳（取材当時）／大学生

私は、あるレイプ事件の情報を聞きつけて、1時間ほど電車に乗ってK市へと出かけた。東京郊外にあるその市は、学園都市として名高い。国立の有名大学、また良家の娘が集まることで知られる女子大、さらには個性的なタレントを輩出することで名高い美術大学などが立ち並んでおり、駅前にもそんな雰囲気が漂っている。

ようやく訪ね当てた「被害者」の女性は、その美大に通う女子大生で、女優の木●佳乃を思わせる雰囲気の、ジーンズが似合う活動的なタイプの人だった。私は彼女を駅前の喫茶店に招き入れ、話を聞くことにした。

トラブルに巻き込まれたでしょう、って？

どこで聞いてきたんですか。それは秘密？　うーん、どっちにしても、これは内緒にしておいて欲しいんですけど。どこかに書くにしても、場所とか、名前とか、絶対に変えてくださいね。

一言でいえば、ダマされたんです、私。私が通ってるのは、そこの美大なんですけど、このあたり、大学が多いから、交流も盛んなんですね。その日、私は、国立大学のサークルの飲み会に呼ばれて出かけたんです。

そのサークルの人と、別のコンパで一緒になった時、割と感じのいい人だったんで、お互いに「また飲もうよ」なんて約束をしてて、で、その時、また連絡があったっていう訳なんですけど。まあ、そんな薄い関係の人に呼ばれて、ノコノコ出かけてった私も、悪いといえば悪いんですよね。

その人……名前は、柴田浩治っていうんですけど、ノリの軽いお調子者なんだけど、実はスポーツマンで、大学のアメリカンフットボールのチームでレギュラーやってる。実はそのフットボールのチームって、あの大学出身のタレントの「××××」が所属してたことで有名なんですよ。

で、その日、彼に呼ばれたのは「××××」が後輩にゴチソウしてくれる飲み会があるから、顔を出さないか……って言われたんですね。「××××」って、けっこう有名人じゃないですか？　それに、私も、ちょっと会ってみたいなって気がしてたんで、ちょうどいいやって、出かけたんです。

でもね、その飲み会の会場が、どこにでもある居酒屋チェーン。こんなところに、あの一流タレントが来るのか？　って感じ。それもねえ、部の主催の飲み会じゃなくて、「×××」がゴチソウする会だって、ちょっとおかしいじゃないですか。私も、そこで気づくべきだったかもしれません。しかも、参加してる女性って、私だけなんですよ。ますます怪しいでしょう？

私がその個室に入ったとたん、部員たちがなんだかギラギラした目で、私をまるで値踏みするかのように見回したのも、危険信号だったんですよね……。そのほかにも、個室はたくさんあるのに、なぜかそのフロアで使われているのはそこだけ、回りはガラガラなのも妙でした。後から探ってみたら、どうやら、あの店の店長って、アメリカンフットボール部に何か弱みを握られてるらしくて、彼らが何か「ヤバい」コトをする時って、必ずそこを使うらしいんですよ。

だから、もし、あの部のスキャンダルを洗ってるんだったら、アソコを張ってたら、そのうち何かブチ当たるかも知れません。あ、でも、その時も、私のことは一切、伏せておいて欲しいんですけど。お願いします。

なんでこんな広いフロアの、この部屋だけ使ってるの？　って、柴田に聞いたら、彼の答えは「××××が来るのに、他の客がいたらまずいだろ？　それに、うちの部、酔っ払うと結構騒ぐから、迷惑がられて、いつもこんな感じなんだよ」って。まあ、一応、筋は通ってますよね……。

アメリカンフットボールのチームの人たちと、お酒飲んだことあります？　凄いですよ、みんな、体ゴツくて。特に、ディフェンダーの人たちって、もう、ほとんどお相撲さんですから。顔色もかえずに、まるでジョウゴに水を注ぐみたいに、ビールの瓶を次から次へと空けていくんです。柴田は、敏捷さが要求されるポジションだから、体つきはそんなにゴツくはないけれど、それでも鍛えてるから、やっぱりお酒の量が半端じゃないです、ガンガン飲む。

私もつられて、飲み続けました。あの、お酒はけっこう強い方で、自信もあったから、平気でクイクイ飲んでたけど、さすがに運動部の、しかもある意味格闘技系の連中が相手だと、やっぱり飲みすぎちゃいますね、どうしても。気がつくと、かなり、酔っ払ってました。それに……。

どうやら、あいつら、私のお酒に、ヘンな薬を混ぜてたらしいんですよ。とんでもないことしますよね！

まあ、結論から言えば、彼らは最初から私を輪姦することを目的に、「××××」が来る飲み会ってのをでっち上げてたんですね。今までにも、同じ手で、けっこう、たくさんの女子大生を餌食にしてたみたい。

「『××××』さん、来ないろ～？」

自分でもヘンだと思ったんです、どんなに酔っ払っても、それまでロレツが回らなくなるなんてことなかったのに、その日は、コトバがおかしい。そしたら、柴田が、揚げ足を取るみたいに…。

「こいつ、来ないろ～なんて言ってるよ。酔っ払ってんだろ、お前」

お前みたいなヤツに「お前」呼ばわりされたくねえよ、……って言おうと思っても、なんかまたロレロレになっちゃって、居並ぶお相撲さんたちがゲラゲラ私をサカナにして笑ってる、不愉快だから帰ろうとしても、もう腰が抜けちゃってる。

で、そのうち、柴田と反対側に座ってたお相撲さんの一人（こいつがリーダー格らしい）が、私の胸にいきなり手を入れてきた。

「あにすんのよ…！」

抵抗しようとしても、もう、動けないんです。

「お、こいつ、意外といい胸してやがる……」

あの声、忘れられません。失礼ですよね、意外と、なんて……。もう頭きちゃって、なんとか逃げ出したくて、体バタバタ動かすんだけど、思うように動かない。あの、寝てて手が体の下に入ってたりすると、血が通わなくなって、思うように動かせないってことありませんか？　ちょうど、あんな感じなんですよ。

それで、Tシャツ脱がされて、ブラも剥ぎ取られて。

「ほれほれ……」

なんて揉まれると、それは乳首だって堅くなるじゃないですか。そうすると、

「ほら、乳首勃ってきたぞ、感じてるじゃねえか」

って。それは、……男に胸を揉まれたら、本能的に勃ちますよ。でも、アメリカンフットボールなんかやってるせいか、あいつら、基本的に脳味噌がゼロなんです。私がどう反応しても、それはあいつらに「姦られたい」っていう証拠にしか見えない……。

体を押さえつけられて、そのうち、ジーンズも脱がされ、下着も全部取られちゃっ

た。全裸ですよ、全裸。誰かが、アソコに指を入れてきた。もう、やめて……って、叫ぶんだけど、声にならない。

「ほらほら、濡れてきやがったぜ」

やめてよ、そりゃ、触られたら濡れます。ああ、「××××」なんて安いタレントを餌にされて、出てきた私がバカだったたって思っても、もう後の祭り。この広いフロアのたくさんある個室に、客が一組しかいないのも、こういう理由なんだって、しみじみわかったんです……。

いつのまにか、全員、ハダカになってる。で、ある男は、私のアソコに指を入れ、ある男は私の口に無理やりアレを突っ込もうと必死になり、別の男は、私の胸にアレをグイグイと押しつけてきてる。もう記憶も曖昧なんだけど、下級生たちは、そんな様子を後ろの方で見ながら、自分のアレをゴシゴシ、しごいていたような……。

そのうち「あ、いけね!」と誰かが叫んだかと思うと、ドピュ……って、精液が私の顔に飛んできました。あの、精液特有の何とも言えない匂いが広がって、凄く気持ち悪い。吐きたいんだけど、そこまでの気力もないから、ただ気持ち悪いだけ……。

「バーカ、もう出しやがった」

野蛮な笑い声が部屋にコダマしていきます。

「先輩、早く入れちゃってくださいよ」

柴田の声が聞こえました。先輩、と呼ばれたのは、リーダー格のお相撲さんです。

「ちょっと待て、まだ濡れ方が足らん」

ああ、やっぱり、私、ヤラれちゃうんだわ……。

そう思ったら、もう何だか抵抗するよりは、できるだけ、私も楽しんじゃおうと思ったんです。それを奴等に見透かされるのは悔しいから、表向きは嫌で嫌で仕方がないように見せて。でも、後から考えたら、軽いノリでアヘアヘ言ってたほうが、もしかしたら、もっと早く開放されたかもしれませんよね。奴等にとっては、嫌がる女を無理矢理犯すのが、何よりも快感を感じるらしいですから……。

リーダーは、私の中に指を入れて、くちゅくちゅ、かき回し続けました。

でも、びっくりしたことに……。

脳味噌が空っぽな割には、こいつ、Hのテクはあるんですよ。私が感じるところを微妙に探り当てて、クイクイ刺激してくる。

（あ、そこ……ダメよ……感じちゃう……）

みたいな。

「ほらほら、感じてきたぞ」

(あ、凄い、そんな指の使い方って……)

「そろそろイケそうだ……」

(うん、私も、欲しくなっちゃったよォ……)

お相撲さんが、物凄い力で私の下半身をグイと掴み、太腿をグググと拡げると、私の中に入ってきました。長くはないんだけど、すごく太いお○んちん。アソコの入口がクイクイと拡げられる感じで、これが……気持ちよかったんです。

「あ……」

「ほれほれ、感じとるぞ、この女」

凄く悔しかったけど、でも、やっぱり感じちゃった。極太なお○んちんで、入口を回すように刺激されて……気持ちいいんです。さっき、顔に精液をかけられて、気持ち悪くなったことなんか、すぐ忘れちゃったくらい。

「よし、奥までいくぞ……」

お相撲さんは、さらに私の腰に手をかけると、ググ……と、自分の腰を押しつけてきました。長さはないと思ったけど、どういう塩梅か、角度がいいんでしょうね、奥までクイクイと突かれるんです。

「あ、あ……」

相変わらずロレツは回らないけど、喘ぎは次から次へと出てくる。アソコの奥の方から、生暖かいラブジュースが、どんどん溢れ出してくるのがわかるんです。

パン、パン……と、お相撲さんが激しく腰を動かすと、あたりから「おっ！」「すげえ〜！」という声が聞こえました。お○んちんが挟まってる、その隙間から、ラブジュースが噴水のように飛び出しているようです。

「先輩、時間もないから、そろそろ代わってくださいよ」

「そうだな、よし、ちょっと待てよ」

動きがさらに激しくなると、彼はさらに私の腰をグイ……と激しく自分に引き寄せました。体が裂けてしまうのではないか、と思ったほど。でも、快感はますます強くなっていくんです。そして「うっ！」と叫んだかと思うと、彼、私の中に思いきり精液を放出したんです。

（ウソ……）

まさか、生で、中出しなんて……。

でも、気持ちいいんですよね、生で、中出しって……。

もう、できるモノならできても仕方ないって、その時、私、腹をくくったんです。そして、こんな経験、もう二度としたくないし、できないだろうから、思いきり味わってやろうって。そんな風に思ったレイプの被害者なんて、同情されないでしょう？　訴えても仕方ないって思ったんです、だって自分も……感じちゃったから。だからといって、また被害者になりたいとも思いませんけど……。

下半身がヒクヒク動いているうちに、もう次の男が、中に入ってきました。さっきの人は太かったけど、こんどは長い感じ。リズムも、さっきはグッ、グッ……と重厚な感じだったのが、こんどはパンパンパン……と、まるでスネアドラムを叩くみたいな……でもどっちも……イイ感じ……。

一人目が済んだら、あとはもう無政府状態みたいになって、口の中に突っ込まれて中で射精されたり、オッパイにグイグイ押しつけてそのまま射精されたり、もうそこら中、ザーメンまみれみたいになって。

宴会に出席してたのは、全部で15人ぐらいだったと思いますが、みんな三回ぐらいずつ射精したと思います。やっぱりスポーツやってる男の人って、セックスも凄いみたい。それを一人で受け止めてしまうんだから、女の方も凄いですよね、我ながら。

とにかく、もう、どこもかしこもザーメンまみれです。そのうち、一人、二人と、精力を使い果たしたみたいで、壁際に背中をついて休むようになっていって……。

後から考えたら、それって、最初に胸を掴まれてから、ほんの1時間ぐらいの間の出来事なんですよね。エッチなことしてるときの、男の人の集中力って、ほんとにスゴイなって感心しちゃう……。

そして、最後の一人になったのが、柴田でした。

「先輩、もういいですか？」

「おお、柴田、こいつを捕まえてきたのはお前だからな、仕上げは委せるぞ」

「ありがとうございます！」

他の部員たちが、疲れてまたビールなんか飲んでる中で、まだまだ元気な柴田は、まず私の口の中にお○んちんを突っ込んで来ました。これがまた、大きくて、凄いんです。そんなことするまい、と思ってたのに、ついつい、あまり凄いから、舌を絡ませちゃったりして。

「うう……淫乱だなあ、お前……」

でも、大きいモノが口の中に入ってきたら、なんとなく、どんな感じなのか、確かめたくなるのは、本能じゃないですか……。

それに、柴田は、匂いもよかったんです。なんとも男臭くて、ストレートな感じがして。こんな出会いじゃなかったら、好きになってたかもしれない、そう思ったら、ちょっと切なくなってきて。

「お、こいつ、泣いてやがる……」

その涙に、また興奮したみたいで、私は頭をつかまれ、まるでキツツキのように、柴田のお○んちんをシェイクさせられました。いっそ、このままイッてくれれば……と思ったけど、でもコイツも筋金入りでした。

「さて、そろそろ……」

一通り楽しみ終わると、柴田は私の口からそれを引き抜いて、今度は下半身に。私はまた大きく脚を開かれて、それまで十何人分かの精液がたっぷり注ぎ込まれた膣の中に、大きなお○んちんを突っ込まれたんです。もう、ヒリヒリして、最初は痛かったけれど、でもゆっくり動きが始まると、また興奮してきちゃって……。

「あ……あ……」

そろそろ、お酒に入ってた薬が切れてきたのでしょう、私は思わず、柴田の動きのあまりの気持ちよさに耐えきれず、彼の腰を掴んでしまいました。

「ふう……感じてるみたいだな……」

柴田はニヤリ、と笑って、私のお尻を掴んで引き起こすようにして、自分は仰向けになり、私がその上にまたがるようなスタイルを取ったんです。私は騎乗位で柴田にまたがった感じになり、その眺めに部員たちは興奮して、またヒューヒューと口笛やら、はやす声やらが飛んできました。

もちろん、私は、そんな激しく自分から動けるほど回復はしていません。でも、騎乗位で結合したのは、もちろんこの夜、初めてでしたから、なんとも新鮮で、また感じちゃったのも確か……。

そして、柴田の腰の動きも、また絶妙で……。どこをどう突けば、私が感じるのか、もうすっかり分かられちゃってるみたいで、もう、こうなると、私の負けです。たまっていた精液が、中からどんどん流れ出して、柴田の腰を伝って、座敷に置かれた座布団の上に染み込んでいきます。

「あ……あ……」

私は、彼の巧みなシェイクに踊らされ、こみ上げてくる快感を目を閉じて感じるのに精一杯。ああ、こんな凄いセックスがあるんだ……。しみじみ、そんなことを考えたのを覚えています。部員達は、柴田の動きにつれて、私の胸がユサユサ上下するのに、とても興奮していたみたいでした。

柴田は、最後に、もう一度私を仰向けにすると、正常位でインサートして、そしてグ、グ、グ……と、飽きることなく腰を振り続けました。私の快感も、どんどん、どんどん、高まっていくばかり。

「もう、ダメ……」

思わず呟いたとき、柴田も達しました。

「うっ……」

その夜、最後の精液が私の膣の中に放たれ、そして太腿を伝ってまた下に落ちていきました……。でも、ここだけの話ですよ。私、本当に……あんな凄い経験しちゃって、本心は嬉しかったんです。幸い、妊娠もしなかったし。もう二度と味わえないだろうって、そう思うと、……今でも、アソコが疼くことがあるんです。

第三章

非日常の体験に快楽を見出した女と男

●相手は父親の後妻と義妹。引き返せない秘事の現場は淫臭漂う蔵の中……。

私の密かな楽しみは義母姉妹との酒蔵3Pプレイ!

【告白者】木原隆二(仮名)/29歳(投稿当時)/自営業

信州のS市にある私の家は、江戸時代から続く造り酒屋で、広い敷地の中には、酒造りの蔵がいくつも立ち並んでいます。

中には、使い勝手が悪いとか、どうもうまい酒ができないといった理由で、使われていない蔵があります。子供の頃から、そうした蔵は、私にとっては格好の遊び場で、秘密基地に見立てては、想像力を発達させ、妄想をたくましくしたものでした。

そして、今……。

この蔵は、私にとって二つとない、快楽と興奮を封じ込めた、淫らな遊び場となっているのです。

きっかけになったのは、ある秋の午後の出来事でした。

私が、いつもは通らない、その蔵の前を通りかかったときのことです。誰もいないはずの蔵の中から、ビー……という、奇妙な音が聞こえて来るではありませんか。

（奇妙だな。ここには誰もいないはず……）

そっと、様子をうかがってみますと、ビー……という微かな音の他に、さらに小さな「あン……」という、女性の吐息のようなものが聞こえてくるではありませんか。

（ますます、おかしい……）

中に誰かがいるのは、確実のようでした。私は、気配を悟られないようにして、静かに中へと入っていきました。

一歩、また一歩……と奥へ入って行きますと、だんだん「あン……」の呻き声が大きくなってきます。どうやら、酒造りに使う道具を立てかけたその向こう側に、誰かがいるようなのです。

ビーン……。

「あン……」

そっと、息を殺して覗き込んでみますと、そこにいたのは……私の義母、父の後妻の千代さんでした。

義母とはいえ、私とは5つほどしか年の離れていない千代さんは、3年前に母を亡くした父のもとに嫁いで来たばかり。父との年の差は20近くにもなるのです。

いつも着物を美しく着こなしている千代さん。今もまた、着物姿であることにはマチガイないのですが、大きく違っているのは、普段はぴったりと閉じているその脚が大きく開かれて、あらわになった下半身のその真ん中の漆黒の闇に、毒々しいピンク色をしたヴァイブレーターがはめ込まれていることでした。千代さんは、どうやらこの誰も来ないはずの空間で、オナニーをするのが日課になっているようなのです。

普段から和風のしっとりとした美人で、少しのスキも見せないような千代さんの、あまりにも淫らな姿を見せつけられて、私は思わず息を飲みました。

(千代さんが……こんなことを……)

壁にもたれるような格好で、大きく脚を開いた千代さん。右手はヴァイブレーターを握って、それを黒々と茂る陰毛の谷間の、チロチロと薔薇色に光る空間に差し入れて緩やかに動いています。そして左手は、帯の上から懐へと差し込まれ、豊かな胸を揉みしだいており、そして口からは「あン……」の呻き声、必死に声が大きくならないように、自分で自分にブレーキをかけている様子が、手に取るように分かります。

女性の……それも美しい、母と呼べる立場の女性の、こんなにも浅ましく淫らな姿を実際に見るのは、生まれて初めての経験でした。実際に男とセックスする時でも、ここまで淫らな顔になることはないのではないかと思えるほどの恍惚の表情を浮かべて……。

もっと間近で見たい。私の中に、いつかそんな焦りが生まれていたようです。身を乗り出そうとした瞬間、カタン……と、音がしました。あたりに置いてあった帚を、私が倒してしまったのです。千代さんは、いきなりビクッとして、動きを止めました。

「誰か……いるのね」

こうなっては、もう、逃げることはできません。私は、彼女のあられもない姿を眺めてすぐにでもそのしっとりと濡れた花園へ、すっかり勃起してしまった自分の肉棒を突き立てたくて仕方がなかったのです。もし、彼女にその気があれば……。

一か八か、私は千代さんの前に姿を現しました。

「隆二さん……」

彼女は、大きく開いた脚を閉じようともせずに、しっとり濡れた秘所を私に見せつけ、息を荒くし、顔をほんのりと紅くしたままで私をじっと見つめました。

「ねえ……」

彼女は優しい笑みを浮かべながら、こんなことを言ったのです。

「舐めてくれる？」

予想だにしなかったその言葉に、今度は私の方がドギマギしてしまって。ポカンとしている私に向かって、千代さんはさらに言葉を続けました。

「舐めたくないの？」

私は驚いたように首を横に振ると、彼女の広げた脚の真ん中にうつ伏せになり、白く弾力に満ちた太腿を掴むと、かぐわしい香りを放つその部分に引きずり込まれるかのように舌を伸ばし、ペロリ……と、ほんのり苦みの感じられるクリトリスに触れました。

「あ……」

千代さんは満足したかのように、目を閉じて快感を味わっています。私はソロソロと舌を這わせていましたが、

「ねえ、もっと、激しく……」

私は舌を激しく上下に動かしながら、さらに指を伸ばして割れ目の奥深く差し入れ、ザラザラとしたその内部の感触を楽しみながら、中で小刻みに震わせました。しばらくすると、千代さんの感じる部分を刺激したのでしょうか、中から透明な液体が、

まるで泉がこんこんと湧き出てくるかのように、後から後から溢れてきたのです。

「ああ、ああ、いいわ、いいわ……」

千代さんにがっしりと頭をつかまれ、私はその股間にぎゅーっと押しつけられました。液体が目に入り、鼻に入り、口に入り……オーバーな話ではなく、愛液で溺死してしまいそうになったほどです。

「ねえ……来て、隆二さん」

「千代さん……頭を……放してください」

私はゴホゴホ……とむせながら、彼女の股間から頭を上げました。すると、彼女がにっこりと、妖しく微笑んでいるのです。

「こっちにいらっしゃい……」

私は壁際に歩いていき、彼女の傍らに立ちました。すると彼女は私の股間に手を伸ばして、ズボンの上から、すっかり堅くなった私の肉棒を撫で回すのです。

「いいわね、やっぱり、若くて。ねえ、ハメてよ、あなたの、その立派なチ〇ポ」

上品な彼女の口から出てくる、その下品極まりない言葉は、私をより一層興奮させずにはおきませんでした。

ここまで来てしまった以上、もう千代さんの気が変わることはないとは思いましたが、それでも私は焦ってズボンを脱ぎ捨て、そそり勃った肉棒を、彼女のそこへと進めていったのです。

「来て、来て……そう、そこよ……ああ……そう、入ってきたわ、入ってる、入ってる……たまんないわ……」

根元まですっぽりと突き立てると、私は腰を動かし始めました。さっきから、すっかり興奮しきっていたので、もう、テクニックも何もありません。激情に突き動かされるように、ひたすら激しく、腰を振るだけ。千代さんも、そんな私のストレートなピストン運動に同調して、リズムに合わせてクイクイと腰を使います。

「ああ、ああ、いいわ、いいわ……」

「凄いよ、千代さん……凄い……」

誰かに聞かれるかもしれない。私達はもう、そんな懸念などしている段階ではなくなってしまっていました。ただひたすら、本能の、快感の赴くままに腰を振り続けて……。

そして……。

「千代さん、俺、もう……」

「私も、イクわ、ねえ、一緒に……」

「千代さん……！」

「隆二さん……ああ」

着物に精液のシミをつけないように、私は焦って彼女の口の中に肉棒を突き立てました。すると、次の瞬間、最大の快感が私の背中を走り、暖かな液体が彼女の喉の奥へと放たれていったのです。


千代さんに話を聞いたところでは……。

やはり、父は年齢のせいか、夜がとても弱く、彼女を満足させることが、だんだん難しくなって来ているようでした。私はと言えば、この出来事で、熟れきった彼女の肉体の虜になってしまって……。

私達は、この蔵の中で、いつしか逢瀬を重ねるようになっていったのでした。

ところが、そんな私達の行状に不審を覚えた人間がいたのです。

それは、千代さんの妹……私の義理の叔母にあたる、万里さんでした。万里さんは、千代さんから3歳年下ですから、私よりもほんの2歳だけ年上。結婚していたのですが、1年前に旦那さんに愛人が出来たせいで離婚、既にご両親も亡くなられていたので、私の家の空き部屋で暮らすことになったのです。

その日も、私と千代さんは、時間をずらして蔵の中に入っていきました。そしていつもの物陰で、唇を重ね合わせたその時……。

「ねえ、私も混ぜてくれない？」

いきなり万里さんが顔を出したのです。私はどきっとして、すぐに千代さんから離れましたが、千代さんはさすがに堂々としたもので……。

「あら、万里チャン……」

「お姉さん、ひどいじゃない、自分はちゃんと旦那がいるのに、こんな若い男と二人だけで楽しむなんて……。私なんか、亭主に捨てられて、ホントに毎晩寂しいんだから……」

「でもあんたは一人モノなんだから、どこでどんな男と付き合うことだってできるわ。私は……何といっても、K酒造の嫁ですから、好き放題に外で遊ぶなんてこと、できないんだもの……ねえ、いいじゃない、そんな拗ねていないで。三人で、仲良く遊びましょうよ。いいでしょう、隆二さん……」

私に異存などあるわけがありません。

気がつくと私は全裸にされて、両側の乳首を義理の母と叔母とに舐められていました。ぴちゃ、ぴちゃ……という淫らこの上ない音が私の耳に響き、そして両側の乳首がすぐに熱を持ってジンジンしてきたのです。その刺激だけで、触られてもいないのに、肉棒はもう怒張しまくり……。

そして彼女たちは、タイミングを合わせるようにして、両側の脇の下、そして下腹部を経て、私の太腿、そして両足の指をぴちゃぴちゃと舐めまくり。それから今度は少しずつ上へ、上へ……。

そして二人はとうとう、争うようにして私の股間へとたどり着いたのです。亀頭を千代さんがぱっくり咥えたかと思うと、万里さんは付け根のあたりをペロペロ。万里さんがディープスロートしたかと思えば、今度は千代さんが玉袋を口の中に含んでピチャピチャ。ペロペロ、ピチャピチャのW攻撃は、世の中にこれほどの快楽があったのかと思えるほどの凄まじい刺激でした。

「ねえ、お願い、今度は私を……」

万里さんが脚を開いて立ち上がり、私は座ったまま顔の前に差し出された裂け目をペロペロと舐めました。さすがに姉妹というのは、顔だけでなく、ここの形も似ているようです。ただ、万里さんの方が、千代さんよりも、いささかパーツすべてが大ぶりな感じがしましたが……。

「ああ、いいわ、いいわ……ねえ、お姉さん、私に先に……いいでしょう？」

「仕方ないわねえ……」

私は、熟女姉妹に操られるばかりでしたが、それでもこれほどの快感を味わったことがなかったためか、逆らおうという気持ちは少しも湧いてきませんでした。

美しい二人……胸のボリュームも申し分なく、肌は透き通るように白く、腰はくびれ、そして性器はジンジンと熱い。一人だけでもとてつもない刺激なのに、それが二人合わさったこの状況といったら。そして二人が今、並んで仰向けになり、大きく股を開いて、私の挿入を待ち構えているのです。男にとって、これ以上の興奮させられる状況というのはあるものでしょうか……。

私は、万里さんの股間に座って、その熱い谷間に肉棒を推し進めると同時に、千代さんには右手の指2本をやはり肉棒のようにして差し込みました。二つ並んだ美しい顔が、同じように快感に歪み、そしてヨガリ声のハーモニーを聞かせてくれます。私の指は、まるでそれ自体が性器になったかのような、そんな感覚を私の脳に伝えてくれます。

「イッちゃう……」

「ああ、私も……」

私は、最初に万里さんの中に出して、それから千代さんにそのまましゃぶってもらって、堅くなったところで今度は千代さんに入れて、もう一度達して……。

何が何だかわからないまま、熟しきった女性二人に、貪るだけ貪られ、最後はボロ雑巾のようになって、その場で気を失ってしまったのです。

再び気がつくと、太陽は大きく西に傾きつつあり、股間の逸物は、見る影もなく小さく萎れていました。

●運命の出会いは突然に……。しかも、その後の思いもよらぬ展開にびっくり仰天！

割り切っていたはずなのに……。風俗嬢、恋の顛末記

【告白者】濱田美果（仮名）／32歳（投稿当時）／専業主婦

私は、長い間、風俗産業で働いていました。ソープもやったし、イメクラとかも長かったかな。ヘルスにもしばらくいました。

そんなに熱心にやってたわけではありません。お金を稼ぎたいとか、貯めたいとか、そういう目標はあまり、なかったな。やっぱりこういうお仕事って、お金が必要で来る人が多いんです。それなりにリスクもあるから。ただ、私の場合は、こういうお仕事が……広い意味での接客業が、向いていたように思います。なんとなく、男の人に接して、サービスすることが大好き。

もちろん、こういう仕事ですから、自分でもたまに感じちゃったりすることは……ありもす。でも、それぱっかり追い求めていると、仕事にならないし。それに私の場合は、男の人が喜んでくれるのを見るのが、何よりもうれしいっていうのがあったので、自分の快感は二の次、って言うか、うまく言えないけど相手に喜んでもらうことが、

自分のエクスタシーにつながるって言うか。

で、この仕事のいいところは、やっぱりそれなりにお給料がもらえるので、週に3、4日ぐらい働けば、食べるのには困らないってことなんです。借金とか、男に貢ぐとか、そういう事情がなければ、ホントにマイペースで食べていけるから、ありがたい。

ただ、一番後悔していることは、妹も私と同じような、風俗ギャルになってしまったということなんです。私達は昔からとても仲のいい姉妹で、お互いに何の隠し事もしないでずっとやってきました。

私は、学校を出た後、しばらく普通の会社で働いてから、こっちのお仕事を始めたのですが、妹は就職口がなかったせいもあって、カタギの仕事を何も知らないまま、いきなり風俗を始めることに。私としても、この仕事をしていることには若干、抵抗感がないわけではないので、妹にも、ちょっと悪いことをしちゃったかな、って思うんです。両親にはもちろん、こんなことしてるって口が裂けても言えないし（田舎の親たちには、カタギのOLをしてると話してあります……）。娘たちが二人とも、男の前で股を広げてご飯を食べてるなんて知ったら、心臓マヒを起こしてしまうかもしれませんし……。

そんな私が、恋をしました。

相手は、お客さん。

今まで、お客さん相手に心をときめかせたことも、なくはなかったんです。でもやっぱりお仕事と割り切って、プライベートでの付き合いは一切、しないようにしてきました。

でも、今回は……。

カレは……といっても、もう四十の半ばを過ぎている立派な男性なんですが、とある中小企業の社長さん。このところの不景気で、仕事もあまり順調とは言えないようですが、しっかりとした信念をもって経営されているので、部下たちの信頼も厚いようです。また大学を出たばかりの息子さんが片腕として支えてくれているのも、心強いみたい。

風俗で女の人と遊ぶ人って、けっこうチャラチャラして、いい加減なお金持ちの人が多かったりするんだけど(それはそれで楽しいこともあるんですけどね……)、カレはまったく違います。

もともと付き合いの深いお客さんに誘われて、あまり気が進まないまま、遊ぶことになったらしいのですが、そこで出会ったのが私だったというわけ。

私も、一目見たとたんに、この人は普通のお客さんと違う、大事にしなきゃ……って、そう思ったんです。女のカン、とでもいえばいいのでしょうか……。本当に最初の時から、真心こめてサービスしちゃいました。

「なんかとても不思議な気がするんだ」

カレは、ベッドの上で全裸になって、私におしゃぶりされながら、身の上話を始めていました。

「不思議って……何が？」

「本当はね、一緒に来たお客さんの手前、ここに来てあなたを呼んだけど……2時間ぐらい世間話をして帰ってもらおうと思ってた」

「そうなの？」

「うん。5年前に妻を亡くしてから、セックスにもまったく興味がなくなっちゃって」

「ふーん。スケベじゃない男の人も、いるんですね。私なんかこういうお仕事してるから、男の人ってみんなスケベなんだと思ってました……」

「いや……そりゃスケベだと思うよ。ただね、精神的なショックを受けると、インポって言うのかな……そんな風になることがある」

「奥さん……急に亡くなったの？」

「……うん、交通事故でね。僕たちは凄く仲がよかったんだ。彼女が亡くなる前の晩も、夜更けまで愛し合ってた」

「素敵ね……」

「最後に僕が覚えているのは、僕が彼女の中で果てて、彼女が体を痙攣させながら恥じらうように横を向いた時の仕草さ。彼女から離れると、その可愛らしい裂け目から、僕の精液が一緒に流れ出した。もう子供を産んで十何年も経っていたけれど、そこは十代の頃からまったく変わらず、美しかったのさ。そのあと僕は熟睡してしまって……」

「よくそんなこと、覚えてるわね」

「忘れるわけがない。起きたらまた彼女を抱こうと思っていた」

「抱けなかったの」

「そう、僕は電話の音で起こされた。彼女が交通事故で病院に運ばれたという、警察からの知らせだった。信じられなかったよ。シーツはまだ、僕らの汗やなんやかやで、しっとりと濡れてたんだからね。即死だったんだ。それから5年かな？　僕は女の人に何の関心も湧かなかった。でも……君を見たら、なんだかドキドキしちゃってね。思わず、抱きたいって思った」

「嬉しいな、そういう話聞くと。うんとサービスしちゃうね」

でも、驚きました。私も、カレを見た瞬間、ドキドキしちゃってたから。お互いに一目ぼれだったみたい。この仕事をしていて、よかったな……と思うのは、いろいろ面倒な手続きなしに、こうして好きになった男性と、すぐに……できちゃうこと。

私は、ぴちゃぴちゃ……って、淫らな音を立てながら、カレのモノをしゃぶり、そしてカレの目をじーっと覗き込みました。カレも私の目をじーっと見てくれて……。信じられなかった、こんなことってあるの？　私は風俗で働いてる女の子で、カレはお客さんで、でもお互いに一目ぼれして、盛り上がっちゃうなんて……。

いつもは「この人を気持ちよくさせてあげたい」ってそう思うんだけど、カレの場合は「この人に抱かれたい」って本当にそう思わされたんです。もしかしたら、亡くなった奥さんが、私のアソコに乗り移っていたのかもしれない……後からそんな風に思いました。

「ああ……凄いよ……マリアちゃん、だっけ」

「本当の名前を知りたい？」

「うん、とっても」

「教えて上げるね。私、美果っていうの」

「美果……いい名前だね」

「本当に」

「うん、とっても素敵だよ」

「うれしい……」

「美果……」

「ねえ、あなたは？」

「秀夫。佐竹秀夫だ」

「秀夫さん？」

「美果……ねえ、入れていい？」

「したくなったのね」

「したいよ……5年ぶりだから、凄く溜まってるんじゃないか？」

「うふふ……試してみる?」

私はカレから離れて、ベッドの上に仰向けになると、脚を広げました。

「抱いて……」

「コンドームは?　つけなくていいの」

「本当はつけなくちゃいけないことになってるんだけど……でも、あなたとは、直接、したいわ……」

カレは、にっこり笑うと、私の胸を強くつかんで、ぐい……と腰を前に進めてきました。硬く、熱いペニスが、私の膣を切り裂くようにして奥へと進んできます。肉の襞が大きく開くような感覚と共に、深い快感が背中から突き上げてきました。

「いいわ、素敵……」

「美果……」

「秀夫さん……」

もうこうなると、商売も何もあったものではありません。私は、カレの激しい腰の動きについていくだけで精一杯。前から、後ろから……上になって、下になって……手を替え品を替え、攻めたててくるカレ。5年間の空白を埋めようとでもするかのように、ただひたすら私を突いてくるのです。胸をつかまれ、耳たぶを噛まれ、指先を舐められ、そして舌を絡められ……時には深く、時には浅く結合しながら、ありとあらゆる体の部分をじっくりと愛されて、私は何度も何度も上り詰めてしまったのでした。そして……。

「美果……」

カレの呼吸がだんだん荒くなってきたのが分かりました。

「秀夫さん？　ああ……もう、私、ダメかもしれない……」

「俺も……」

「イキそうなの」

「ああ……もう限界かも……」

「来て……」

「イク……ああ！」

カレが大きく突き上げて、私もその動きでその日最後の、そして最高のエクスタシーに……。どぴゅ、と凄まじい勢いで精液が私の顔に降りかかりました。目にも入って、痛みが感じられましたが、その時の私にとってはそれすらもたまらない快感でした。私は精液で曇った目を必死に見開いてカレのペニスを探し、それをギュッとつかまえると、いつまでもいつまでも、ぴちゃぴちゃ……としゃぶり続けたのです。

「また会えるかな……？」

それから1時間ほどして、ベッドの中でお互いの体の感触を愉しみながらくつろいでいるうちに、カレが声をかけてきました。そして私は……。

「もうあなたとは会いたくないわ」

「え？」

「商売では、ってこと。私、あなたのこと、好きになっちゃったみたい、プロとしては本当は言っちゃいけないことなんだけど」

「嬉しいな、僕も同じ気分だよ」

「本当に？」

「嘘はつかない……」

「うれしい……」

私はその場でシーツの中にもう一度潜り込んで、カレの小さくなったモノをぴちゃぴちゃ……としゃぶり始めました。それはスグにもう一度大きくなって、そしてカレが私のあそこに指を伸ばしてきました……。

それから私は、なんとなく仕事に身が入らなくなって……。やっぱり、恋をしてしまうと、他の男と仕事でセックスをするのが、苦痛になってしまうようです。いえ、それよりも、他の男とすることで、快感を得るのが申しわけない、そんな気持ちが強くなったのです。でも、やっぱり中小企業とはいえ社長さんですから、仕事もいろいろ忙しいようで、なかなかデートの時間も取れません。それでも毎日、暇さえあれば携帯にメールが入ってくるし、時間ができたら私の部屋に来てもらって、濃厚な夜……。それでも、翌朝は9時から仕事が始まるのですから、そう無茶なこともできません。とはいうものの、私は何年かぶりで恋をして幸福でした。そして、愛情のこもったセックスの気持ちよさを、改めて思い出していたのです。

そして、出会いからひと月ほどたったある夜のこと、その日は翌日は休みだからのんびりできる……といったカレと、熱海のホテルに出かけ、のんびり二人きりで温泉につかり、そして部屋に戻ってたっぷり時間をかけて愛された後。

「僕が忙しくて、なかなか会えなくて申しわけないと思ってる。いろいろ考えたけど、よかったら結婚してくれないか？」

結婚？

まともな仕事にもつかないで、長いこと風俗嬢でのんびり暮らしてきた私と？

カレのキャリアのために……そして、息子さんやご家族にとって、あまりいい話ではないのは確かです。このいい関係を保ちながら、付き合っていければいいな……と、漠然と思っていた私にとって、その言葉は驚くべきものでした。

「どうしたの？　イヤかい？」

「ううん、とってもうれしくて……言葉が出ないのよ。でもいいの、私なんかで？」

「君だからいいのさ……」

「うれしい……」

「結婚してくれる？」

私は小さくコクリと頷きました。カレは私をきつく抱き締め、そしてまた濡れ始めた私のアソコにくちづけしてくれたのです。

私は妹に結婚を告げようと、翌日の夜、カレと別れたその足で、妹の部屋を訪ねました。鍵がかかっていたので、合鍵を使って入ると、なんだか奥の部屋で妙な物音がしています。いったい何ごとかと思うと……襖の向こう側で、私が入ってきたのにも気づかず、妹が男を連れ込んで、お楽しみの真っ最中です。そのままとっとと引き返そうと思いましたが、なんとなく気になって、細く開いた襖の隙間から、向こう側を覗いてしまいました。昨夜から今朝にかけて、たっぷり愛し合ったその興奮が残っていて、私をそんな奇妙な行動に駆り立てたのかもしれません。

布団の上に、男が仰向けになり、妹は全裸で男の顔の上にまたがるように座って、口で愛撫を受けています。ぴちゃぴちゃ、ぺろぺろ……と、卑猥な音が部屋中に谺して、さっきまでカレが入っていたあたりがじんじんと疼いてきました。思わず指が股間に伸びてしまいます。妹の尻をがっしりと男の指がつかんで、時折妹の黒い茂みの真ん中あたりに、男のピンク色の舌がチロチロと動く様子が見て取れました。

妹はときどき頭をのけぞらせては「ああ、いいわ……素敵……たまんない」と、言葉にならない言葉を連発。彼女は、私よりも体が一回り大きく、胸もFカップで形がいいのが自慢なのですが、その胸が男が動くのにつれてユサユサと揺れる様子は、女の私が見ていても興奮させられる眺めでした。

そのうち妹は、男の顔の上でくるり……と後ろを向いて、私に背中を見せました。そしてそのまま、上半身を前に倒していったかと思うと、男の屹立したペニスに吸い付いて、ぴちゅ、ぴちゅ……とイヤらしい音を立てながらフェラチオを始めました。

物も言わず、お互いの性器を舐め、噛み、しゃぶり尽そうとする一組の男女。ついさっきまで、私もこんなことをしていたんだ……そう思うと、またまた体が疼き出しました。熱海なんかに出かけて、たっぷり愉しんだのはよかったけれど、そのせいでまたしばらくカレとは会えない。そう思うと、体の疼きはどんどん激しくなっていくのです。

男は遂に妹の体から離れ、今度は妹の尻をつかむと、後ろから彼女に覆い被さっていきました。

「あ……」

妹の悲鳴が小さく聞こえました。あっと言う間に、奥までインサートしてしまったようです。

その時、男の顔が見えました。彫りが深く端正なマスク……。

(似ている……)

さっきまで一緒にいたカレと、本当によく似ています。快感を覚えた時の、少し目を閉じるやるせないような表情など、うり二つと言ってもいいくらい。ただ、妹の尻をつかんで、激しく腰を前後に動かしているこの青年の方が、カレよりも20以上若く見えるのは確かでした。

(もしかして……息子さん?)

「ひいっ……ああ……スゴいよ、ケンちゃん」

妹は今度は、カラダを横にされて、その後ろから抱き抱えられるように挿入され、よがり声を上げていました。右足の先が興奮すると伸びたり、曲がったりするクセは、私と同じです。妹の感じている快感が、まるで自分のものでもあるかのように、私には感じられて、目を閉じてアソコを軽く触るだけで、その若く逞しい青年に犯されているような不思議な感触を味わいました。

そして、青年の腰の動きがスピードを増していくにつれ、私が自分をいじる指の動きも激しくなっていって。(あ……)と、思わず声を上げそうになって、それを我慢するのがとってもタイヘンで……我慢すればするほど、それがまた快感につながっていくのです。

その間にも「ケンちゃん、ケンちゃん……」と喘ぐ妹の声は、どんどん大きくなっていくばかり。

「いいよ、いいよ、いっちゃうぅ～」

「俺も……」

妹が仰向けになって、大きく脚を開いたスタイルで、「ケンちゃん」は一回、二回……と激しく腰を震わせたかと思うと、妹の上に被さるようにうつ伏せになりました。そして同時に私も絶頂に……。もう指はぐしょぐしょ、下着もぐっしょりと濡れています。中の二人は死んだようになって、燃えるような情交の余韻を楽しんでいるようです。私は二人に悟られないように、静かに、静かに、外へ出て行き、そして濡れそぼった股間の雰囲気を道ゆく人に気づかれはしないかとハラハラしながら、なんとか自分の部屋へと辿り着いて、そして再び……オナニーを始めたのでした。

それから2週間ほど、私は、妹に連絡を取ることができないでいました。もしかしたらあの時、妹と彼氏のセックス現場を見ながらオナニーしたことを、気づかれているのではないか……と、そればかりが心配だったのです。妹からは何度か「お客さんのことを好きになっちゃいました。相談したいことがあるので電話ください」というメールが携帯に入っていましたが、そのまま対応しないでいました。そんな或る日のこと……。

「びっくりさせることがあるんだ」

カレが、情熱的なセックスの後に、私を腕枕しながら話しかけてきました。

「息子が結婚すると言い出したんだ、驚いちゃったな……。僕が君とのことを打ち明けようとしたら、向うから先にそんなことを言われてね……。その後、こっちの話をしたら、あいつも驚いてたな。それでね……」

カレ、顔合わせを兼ねて、息子さんと、その婚約者と、四人で箱根にでも旅行に行こう……と言い出したんです。

当日は、息子さんのカップルが車で、まずカレを迎えに行き、それから私をピックアップするという段取り。

指定された、近くの銀行の前で車を待っていたら、それらしい真っ赤なスポーツカーが近づいてきました。助手席に乗っていたのは……驚いたことに妹！　そして運転していたのは、あの日、妹の体の上で何度も何度も激しく腰を動かし、端整な顔を快感に歪めていたあの青年だったのです。

「おーい」

後部座席の窓が開いて、カレが手を振ってきましたが、それより助手席の妹の驚いたことと言ったら……！

「お……ねえちゃん？」

「久美？」

「え？　君たち知り合いなのか？」

「あの……妹なんです、実の……」

「えーっ!?」

男性二人の驚きようといったら、それは大変なものでした。二人とも、それぞれのパートナーと知り合った場所は絶対に本当のこと言えないだろうな、と思うと、私、なんだかおかしくなってしまって……。

温泉ホテルに着き、それぞれの部屋に別れると、カレはすぐに私を求めてきました。服を着たままの交わりはとってもスリリング。でも、壁一枚隔てた向こう側でも、きっと同じようなことをやってるんだろうな、と想像すると、さらに興奮しちゃいました。

●大女優の知られざる性の遍歴……。大作の相手役に抜擢されたのは、実の息子。

大女優が自らプロデュースした禁断のハードコア作品

【告白者】三橋十和子（仮名）／39歳（投稿当時）／女優

私は、女優です。皆さんが私の芸名を聞いたら、もしかしたら驚かれるかも知れません。社会的にも、一応、それなりの地位を築いてきたつもりです。

でも……私、女優である前に、一人の女性です。こみ上げてくる性の欲望を押さえつけておくことはできません。そして、その世間から見たら、おぞましいと思われるような性癖を、こうやって書き記して、皆さんに見てもらいたいという気持ちにも、フタをすることはできないのです。

私はそろそろ、四十に手が届く年齢になりつつあります。若い頃、40歳になった自分の姿など、とうてい想像できませんでした。そして、そんな年になっても性欲があるなんて信じられませんでした。

ところが、私の淫らな欲望は、若い頃に比べて薄れるどころか、ますます強くなっていく一方なのです。だからといって、世間的に少しは名前のある存在である以上、あまり奔放に振る舞うことも出来ません。それでこの何年かはとても満たされない日々を送っていたのですが、これからお話するような事情によって、久しぶりに、思う存分、脚を大きく広げて歓喜の叫びをいつでも好きなときに上げられるようになったのです。

私は10代の頃から、男付き合いが派手だと言われていました。通っていた中学の演劇部で、顧問の先生に楽屋で処女を奪われたその最初の時から、セックスの虜になってしまったのですから、そう言われても仕方がないかもしれません。

そして高校を出るとすぐに劇団に入り、妊娠、そして男の子を出産。相手はやはり売れない劇団員で、ゾクゾクするような二枚目、そしてセックスのテクニックも抜群でしたが、私が妊娠したことがわかると姿を消しました。私は20歳になるやならずで、未婚の母になってしまったのです。

私は演劇を辞めようと思っていました。ところが最後のつもりで出演した舞台で、さる高名な演出家に認められ、大きな役を手に入れたのです。私は息子を両親に預け、必死に舞台を勤めました。すると幸運は続くもので、次はテレビドラマの主役の話が……。

せっかく売れ出したタレントが、この年で子持ちだという事実を、所属事務所としては覆い隠すしかありませんでした。真実を知っているのは、私と両親、一部の事務所関係者、そして息子の父親だけ。事務所としてはその父親が週刊誌に告白するのを恐れていましたが、彼もまたその頃、マスコミでめきめきと売り出していた時期。自分にとってもマイナスな話である以上、真相を明かすことはありえませんでした。私は女優としてそれなりの地位を手に入れ、タレントや演出家たちと浮き名を流し、何度もプロポーズされたことはありましたが、結婚はせずに今日までやってきました。

やっぱり「息子」の存在がとても、大きかったから。とにかく息子はかわいかった。父親に面影が似ていて、子供の頃からどこかクールな感じがして。私は息子を愛しすぎてしまったのかも知れません。そして今、かわいかった息子は、逞しく、大きく、立派に育ちました。息子の息子も……。思い出しただけでアソコが濡れてきそうなくらい、本当に……すごいんです。

そう、私は今、息子を愛し、そして息子に愛されることで、精神的にも肉体的にも満たされているのです。もしこの事実を世間が知ったら、とんでもないことになるでしょう。でも私は、こうして本当のことを書き残さずにはいられないのです。

いま彼(息子)は、タレントを目指し修行しながら、私の付き人をしています。楽屋で、ロケ先のホテルで、二人きりになれる場所はいくらでもあります。

最初にこういう関係になったのは、彼が中学生の時でした。私達は、時間が許せば、一緒にお風呂に入るのが日課で、それは彼がいわゆる「思春期」になっても変わりませんでした。

今でも、地方に行くと、できるだけ「家族風呂」のある温泉を選んで、彼と二人、のんびり時間を過ごすようにしています。

先日も、群馬県のある温泉で撮影があり、濃厚な時間を過ごしてきました。ロケ隊が引き上げた後、私達は翌日スケジュールが空いていたので、もう一日泊まることにしたのです。

家族風呂に「使用中」の札をかけると、そこからは二人だけの世界。

浴槽の中、のんびり並んで青空を眺めながら、私は彼の股間に手を伸ばします。するとすぐにそれはムクムクと大きくなって……。

「うふふ、みっちゃん(息子の名前です)、元気いいんだから……」

「ママ、そんなことしたらダメだよ……」

「いいじゃない、これはママのものなんだから……いいからそこにお座りなさい」

息子を浴槽の縁に座らせると、私はお湯の中にひざまずいて、そこに唇を近づけ、パクリ……と吸い込みます。お湯の香り、そして男の香りが私の口の中いっぱいに広がって……私はもう夢見心地。

ちゅ、ちゅ、ちゅ……と吸い続けると、彼は気持ちよさそうに「ああ……」と吐息を漏らしながら体を小刻みに震わせます。その仕草が父親によく似ていて……。

でも父親と決定的に違うのは、彼の父親は私を苦しませることばかりだったけれど、彼は私をいつでも、どこでも、何度でも、好きなだけ、愛してくれること……。

「ああ……ママ……すごいよ……」

「うふふ、気持ちいいでしょう？」

「素敵……ねえ、ママ」

「なあに？」

「おっぱいで……挟んで……」

「いいわよ、こう？」

私は二つの乳房を持ち上げ、その真ん中に彼のペニスを挟み込みました。熱くて硬いそのモノは、何ともいえない、いい感触。胸の両側を腕でゴシゴシしごくと、その谷間でピクピクと震える彼の動きが伝わってくるのです。

「たまんない、ママのおっぱい……」

胸の谷間から顔を出している、ペニスの先端に顔を近づけて、ぱっくり咥えると、彼の息遣いがどんどん荒くなっていくのがわかるんです。すると、私のアソコも、ジンジン熱くなってきちゃって……。

「ああ、ママ、ママ……」

「みっちゃん……」

「もう、入れたい……」

「いいわよ……ぐちゃぐちゃにして……」

「ああ、ママってエッチなんだから……」

彼は体をねじってペニスを乳房から抜き取ると、浴槽に入って、私の後ろに回り、私を立たせて浴槽の縁に手をつかせ、そして腰を突き出させると、後ろからぐい……と挿入してきました。

「凄いわ……」

ジンジンと熱くなってるソコを鎮めてもらいたくて入れたのに、余計熱く、むず痒さすら伝わってくるのはなぜなのでしょう。

彼は若さに任せて、腰をグイグイ押しつけてきます。パンパン、肉と肉が当たっていやらしい音が青空の彼方へ消えていきます。息子に後ろから犯されて、私はもう頭がおかしくなってしまうほど、上り詰めていきます。

「いやー、ああ……みっちゃん……」

「ママ、まだまだ、ダメだよ」

「ああ、でもママ、もう……ダメかも……」

「イッちゃうの？」

「ええ……」

私はあまりに感じすぎてしまって、体を支えることができなくなり、前へ崩れ落ちそうになりました。

「イッちゃう……」

でもインサートしたばかりの彼は、そんなことでガマンできるハズもなくて。

私は浴槽から逃れるように、すべすべした石を敷き詰めた洗い場の方になんとか這い上がって、そこに仰向けに倒れ込みました。

「ママ……ママ……」

私の愛液で濡れたペニスを振り勃てて、彼も私を追いかけるように浴槽の外へと出てくると、無理矢理私の脚を広げて、上からもう一度インサートしてきます。

「みっちゃん……」

「ママ……」

もう気を失いそうなぐらい、私はエクスタシーを感じていたのに、彼に押し入られるともっともっと気持ちよくなっていくのですから、不思議です。

「ああ……すごい、みっちゃん、もっと、もっと激しくして」

「こう？　ママ？　これでいい？」

「ダメよ、もっと、もっと……」

「ママ……」

彼のピストンのスピードがトップに入って、そして私の意識はドロドロに溶けて。

「あ……」

イク、と、口に出したつもりだったのですが、それは声にならずに私の頭の中だけで消えていったようでした。彼に乳房をわしづかみにされ、そして腰を思い切り突き上げられて、「ママ……」と呻きながら私の中に熱い精液を後から後から送り込まれ、1秒の何分の1かの時間、私は意識を失いました。

彼が目的を果たして、そのまま私の上に倒れ込んで来ました。乳房が彼の重みに押しつぶされながら、乳首だけは快感を探してムクムクと上を向こうとしています。ハアハア……と荒い息遣いが、私の上で揺れています。10代の頃も、ずいぶん無茶なセックスをしたものでしたが、こんな露天風呂で昼間からイッちゃったことはありませんでした。しかも、相手は実の息子……。もうこんな凄いセックスは、二度と体験できないかもしれない、とその時は思ったのです。

しかし、それからほどなく、私達はそれ以上の底なしの快感を得ることができたのですから、セックスって本当に……奥が深い。

東京に戻ってほどなく、私は有名な映画監督のHさんに呼び出されました。

「Yさん……最近、ますますイロっぽくなってるねえ、余程いい男をつかまえたんじゃないの」

「監督……ふふふ、わかります？」

「肌の色艶が違うからねえ、これはいい恋愛してないと、その艶は出ないよ。で、その美しい肌のYさんに、折り入って相談があるんだけど……」

Hさんの相談とは、新作映画の主役として私を使いたいということでした。若い大学生との不倫に揺れる人妻が主人公で、濃厚な濡れ場が売り物。AVやピンク映画なんか、足元にも及ばないような、過激な性描写をしてみたい、というのです。

「で、その相手役なんだけど、新人を使いたいんだ。Yさんの付き人やってる、彼を使ってみたいんだけど、どうかな？」

なんと、Hさんは、私に実の息子とのベッドシーンを演じろと言うのです。

もちろん、Hさんは、付き人が本当は私の息子だということなど、知る由もありません。単純に、私の相手役として面白いと考えて、彼を指名してきたのです。

そして、私が何を感じたのかといえば……。

（やりたい……大勢のスタッフが見守る中で、彼と愛し合いたい……）

そのことを想像するだけで、私はトリハダが立つほど興奮してしまったのです。

「監督、一つだけお願いがあるんですけど、これを承知していただけたら、喜んで出演させていただきます」

「なんだろう。たいがいのことは、大丈夫だと思うけれど……ギャラ以外はね」

「ギャラはいいんです、普通にいただければそれで……。私のお願いというのは、本当に撮影で本番やらせてほしいんです」

「ガチンコの本番？　……ほう……」

「ダメでしょうか……」

「いや、こちらとしては、それは願ってもないことなんだが。Yさん、あなたはそんなことしても構わないの？」

「……ええ、どうせならとことん、やってみたいんです」

「ううむ……まあ、いいでしょう、やってみますか……」

こうして私は、実の息子と、大勢のスタッフが見守る中、セックスをすることになったのです。

撮影当日……。

スポットライトに照らされた彼の姿は、溜め息が出るほど、それは美しいものでした。彼がベッドに入ってきて、私の耳もとで囁きます。

「愛してる……」

「いいの、こんなオバさんで……」

「年なんか関係ないよ、僕はあなたを心から愛してるんだから……」

「うれしい……」

彼が私のブラジャーに手をかけ、ホックを外して。中から乳房がこぼれ落ちると、スタッフたちが一斉に生唾を飲んだのがわかるように思えました。インチキなセックスもどきではなく、本物のセックスを、人に見られながらすることが、こんなにも興奮することだったなんて……。

ましてや、相手が実の息子ともなると、その興奮も桁違いです。

「きれいな胸だ……」

「いや、もう崩れてきちゃってるのよ。そんなにじっと見ないで」

彼は私の乳房の下に手を添えると、唇を開けて舌を伸ばし、乳首をペロリ……と舐めました。興奮のあまり、乳首が硬く、勃起していく様子を、ジー……と、低い音を立てるカメラがクローズアップでとらえます。

「あ……」

「素敵だよ、とっても……」

「イヤ、いじめないで……」

彼は私の脚元に降りていき、上手にショーツを脱がせると、顔を埋めてピチャピチャと私のソノ部分を舐め出しました。

カメラがグググ……と動いて、私の脚の方に移動してきます。後ろで覗き込む監督の目が私のアソコを痛いほど突き刺します。スタッフたちも、映画を撮影してることなどすっかり忘れて、私達の迫真のセックスに夢中になっているのです。

そうこうするうちにも、彼は私を好き放題に舐めています。私は段取りを忘れて、そのまま快感に身を委ねてしまいたいところでしたが、しばらく彼に舐められた後は、今度は私が彼のものを、口で愛さなければならないのです。

「ああ、いいわぁ……」

「大好き、ママ……」

私はぎくりとしました。彼がいつものクセで、私のことを「ママ」と呼んでしまったのです。もちろん台本にないセリフですから、監督がNGを出してしまうかも知れない、と思いました。ところが、監督も、他のスタッフたちも夢中になっていますから、もうセリフなんかどうでもよくなっちゃってたみたいで……。

「ねえ、こんなオバサンのことを愛してくれて本当にありがとう。今度は私にさせて、お願い……」

　私は彼を仰向けにすると、その股間を覆うように顔を近づけて、いつものようにペニスをチュパチュパと吸い始めました。

　並の男だったら、私がこんなに激しくフェラチオしたら、一瞬でイッてしまうかもしれません。でも、それは、常日頃から私が鍛えているわけですから、ちょっとやそっとのことでは大丈夫。AV男優になったとしても、立派にやっていけるでしょう。……でもそんな仕事はやらせたくありませんが……。

　あまりペニスそのものが映ってしまうと、映画としては面白みがなくなってしまうので、できるだけ口に含んだり、顔で隠すようにして……と監督から言われていたので、私は必死に喉の奥まで飲み込むようにディープ・スロートを繰り返します。いつもとはちょっと違う刺激に、彼もちょっぴり驚いたようでしたが、目を閉じてクールに快感を味わっているところなど、憎たらしいほど。

　そして、私は、ひとしきりその感覚を舌で味わい尽くすと、そこからいったん離れ、彼の耳もとで囁くのです。

「もうガマンできなくなっちゃった。お願い、入れて……」

「何を？」

「あなたの、その、熱いの」

「それじゃわかんないよ、ちゃんと言ってもらわないと……」

「あなたの、お○んちん、入れて」

「ふふふ……可愛い人だ」

今度は彼が私を仰向けに寝かせ、私の脚を開くと、「入れるよ……」と優しく言って、私を貫いたのです。

「あ……」

演技でもなんでもなく、私は濡れていました。あんまりぐしょぐしょに濡れているせいで、せっかく中に入った彼が、一度、滑って外に出てしまったくらい。

「ふふふ……エッチなんですね」

「イヤ……あなたに会うまで私、こんな女じゃなかったのよ……」

「僕のせいなの？」

「……どうかな」

ぐぐぐ……。はあ……と、彼が静かに息をしながら、私の肉をかき分けて、奥へ奥へと進んでいきます。そう、そのもっと奥で、あなたは生まれたのよ。あなたはずっと昔、そこにいたの……。私の頭の中に、一瞬、そんな想いが生まれましたが、すぐ次の瞬間に激しい快感の波が襲いかかってきて、あっと言う間に私はただの雌になってしまったのです。

「あ……凄い……もっと、もっと……」

「愛してる……愛してるよ」

「ああ、私も……あなたが一番好き」

「ダンナさんよりも？」

「当たり前じゃない、なんてことというの……せっかくこんないいコトしてるのに、ダンナの名前なんて出さないで」

「ごめんなさい……でも、僕はあなたの一番になりたいんだ……」

「間違いないわ、あなたは私の一番。これからも、ずっと……ずっと……あ……すごい……」

このセリフがきっかけで、私は今度は四つんばいにさせられました。前から密着して抱かれるのもいいけれど、今はケダモノみたいにこうして後ろから切り裂かれるのも素敵。ぐしょぐしょの割れ目から滑り出さないように、彼が私のお尻をギューッと跡が残るくらい激しく掴んでいる、そんな痛みがこの上なく甘く思えて……。

ぴちゃ、ぴちゃ、ぴちゃ……アソコをかき回されて、後から後から泉のようにあふれ出てくる愛液が、彼が動くたびにベッドに飛び散って、小さなシミを作っていきます。やがてそのシミがだんだん大きくなって、シーツはグショグショに……そのひんやりした感じが私の体をさらに淫らに燃え立たせます。

「突いて、もっと激しく……いや、そんなんじゃダメ、もっと、もっとー……!」

私はガマンできなくなり、彼を仰向けにすると、自分から脚を大きく開いてしゃがみこみ、騎乗位で激しく動き始めました。腰が抜けるくらい、前後に激しく動いて、膨張しきった彼のペニスを、とことんまで味わい尽くそうとしました。

見守るスタッフたちの目が、さらに私の恥部に集中し、そこから溢れ出る液体の行方を見守ります。監督がフィニッシュに行くようOKサインを出しました。私達は、それまでセーブしていた快感をそこで全開にして、思い切り淫らな叫び声を上げました。

「ああ、もうダメ、イッちゃう……」

「私も、一緒に……イカせて」

「イク、イク、イクぅ～！」

「ああ……すごいわ……」

「イクよ、ママ……」

　これまで何十回、何百回と彼と愛し合ってきたけれど、本当にあんなに感じたことはあれ以来一度もありませんでした。

　う……と低く彼が呻いて、私に体を密着させると、私の中に精液をドクドク……と注ぎ込みました。私は体を震わせながら、そこをクイクイと締め続け、それを一滴も逃さないとするかのように、体を痙攣させました。

「オーケー……」

　監督の声を聞きながら、いつしか私は深い眠りへと落ちていったのです。

●早熟だった幼妻。亭主の留守を良いことに義弟のムスコをパックンチョ！

若妻が淫靡に手解き……義弟との濃厚中出しセックス

【告白者】河本美咲（仮名）／23歳（投稿当時）／専業主婦

私、思春期のころからずっと「オトナの男」に憧れていました。同年輩の男の子は、みんなコドモっぽく見えて。恋愛の相手としてまったく考えられませんでした。若かったんですね、今にして思えば……。

18歳のとき、10歳年上の今の旦那と結婚したときも、友達はみんな「やっぱりね……」と頷いていたのを思い出します。でも、薄汚い同年代の彼の下宿でHしたり、少ない小遣いをやりくりして、ラブホテルに行くなんてまっぴらでした。

その点、30近い社会人となれば、遊びなれてますから、ちゃんとシティホテルに連れてってくれるし、おねだりすれば、たいていのモノは手に入るし……。

同年輩の男の子と、付き合った経験がないわけじゃありません。何度かデートもしたし、セックスもしました。

でも……その年頃の男の子って、ガツガツしてるっていうか、ただ求めてくるばかりなんですよね。こちらがのんびり、二人の時間を楽しんでいたくても、「入れたい」「入れさせて……」って、そればっかりで、仕方ないから「いいわよ……」って許すと、すぐにものすごいピストン運動で、勝手に一人でイッちゃって……。

たまたま、私がめぐり合った相手がいけなかったのかもしれません。そんな男ばっかりじゃないよ、って友達にも言われます。

でも……知り合って、デートして、そしてすぐ結婚を決めて……その頃の旦那は凄くカッコよかったし、とにかく最高でした。でした、って、過去形になっちゃうのがちょっと寂しいけれど……。

いいえ、あの頃も、今も、彼にしてみれば、私に対する愛情や行為が、変わったわけじゃないと思うんです。

今でも、たっぷり、時間をかけて愛してくれるし……。

なんだか変だな、おかしいな……。

あれ、こんなんじゃ、なかったはずなのに……。

それって、たぶん、私一人の感覚。私の方が変わってしまったんだと思います。

ゆっくり、愛撫されるのが、もどかしい。少しずつ、少しずつ、生殺しのように、彼は私を高めていってくれます。

「どう?」

「ああ……いいわ、素敵よ……」

最初は、指を一本、それから二本。

その後、ぐいと股を割って、アソコをぐちゅぐちゅって、私が満足するまで舐めたり、吸ったりしてくれて。

でも……なんていうか、やっぱり夫婦の行為って言うんでしょうか……なんだか「慣れ」が、生まれてきちゃって、スリルみたいなものがまったく感じられなくなってきたんです。

最後は、彼が、私の上になって……。

ペニスの先っぽで、クリトリスのあたりを撫でるように、何度か突いてみてから、グイ……と奥まで刺してくる。

どんどんスピードが上がっていくにつれて、私もどんどん気持ちよくなって……。

そして……。

「気持ちいい?」

「うん……素敵よ……」

「イキそう？」

「ええ……あなたも……来て」

「イク……」

グニョグニョ……と、私の中でペニスが激しくハネて、そして精液が放たれる。別に、妊娠しても構わないと思ってるので、結婚してからずっと、私はその「ナマ」「中出し」の感覚を味わい続けてます。でも、なかなか「できない」のも、ちょっと退屈してきちゃった原因なのかもしれません。

それでも、その夜は、ちょっぴりいつもと違って、なんだか「気合い」が入ってるみたいな、そんな感じがしたのですが……。

行為が終わって、彼が私の髪を撫でたり、乳首をいじったりしながら、話しかけてきたとき、意外なことを聞かされました。

「来週さ、照貴が来るよ」

「え？　照ちゃんが？」

照貴というのは、夫の弟で、今年19歳。留学経験があるので、ほかの子よりも1歳年上ですが、早々と推薦で合格を決め、この4月から、東京で大学生活を送ることが決まっています。

「まだ2月よ。ずいぶん早いじゃない？」

「ほら、他のみんなはまだ受験の真っ最中だろう？　あいつ一人でヒマだから、部屋を探したりとか、いろいろ準備のために上京するっていうんだ」

「ふーん、そうなんだ……」

「で、一週間ぐらい、家に泊まるっていってるから。別に構わないだろう？」

「うん、……」

夫と知り合った頃の照貴くんは、まだ中学に入ったばかりのホンの子供でした。ニキビが多くて、詰襟の制服が似合わなくて……。それがこのところ、私が見ても眩しいくらいのイケメンになっちゃって。まあ、夫の弟ですから、当たり前といえば、当たり前かもしれませんが……。

でも、私にしてみれば、ちょっぴりドキドキものでした。だって、夫とのセックスは、はっきり言って倦怠期に入ってたし。今になって、若い男のコの、グイグイ押してくるエッチも、それはそれで悪くないな、って、そんな風に思うようになっていたんです。

(どうしよう、もし二人っきりになっちゃったら……私、何をするかわかんないかも)

そして「こんにちは!」と、元気よく家にやってきた照貴くんを見て、また、ビックリ!

会うのは半年振り? ぐらいだったんだけど、その半年の間に、田舎の高校生……って感じだったのが、すっかり垢抜けてしまって、どこから見ても都会の大学生にしか見えなくなっていたから。

「あれ……なんか、すっかりカッコよくなっちゃって。どうしたの?」

「部活やめてさ、髪型も自由になったし。大学も受かったから、バイトして、洋服なんかもそろえてるんだ」

やっぱり、このコも、夫の弟だけあって、けっこうな遊び人の素質があるみたいです。若々しい笑顔、真っ白い歯の魅力は、やはりハタチそこそこの男の子ならでは、という感じがします。

「一週間、よろしくお願いします」

それから三日ほど、私たち夫婦は、照貴くんと一緒に過ごしました。やはり次男だけあって、世渡りがうまいというか、要領がいいというか……。私が立とうとすると、さっと椅子を引いてくれたり、何気ない心遣いができる男のコなんです（このあたり、夫はどちらかといえば不器用なのです……）。

ところが、四日目の午後、いきなり夫から電話がかかってきたんです。

「もしもし……申し訳ないんだけどさ、これから急に大阪出張になっちゃったんだ」

「え？　どうしたの」

「ちょっとトラブルがあってさ。俺がやってたプロジェクトだから、どうしても行かなきゃ済まないことになっちゃって」

「泊まりなの？」

「そうだなあ、この時間だからね。悪いけど照のこと、よろしく頼むよ」

「……わかったわ」

私は、冷静を装いながら、ドキドキ胸が高鳴るのを抑えることができませんでした。

（照貴くんと、二人っきりの夜だわ……）

「ただいま……」

「おかえんなさい。いい物件、見つかった？」

「うん、まあまあかな……義姉さん、もうメシ？　兄貴はまだ？」

「それがね、照ちゃん」

私は料理を作る手を止めて言いました。

「お兄さん、なんか急な出張になっちゃったんだって。だから今夜は二人よ」

私はドキドキしながら言いました。だって、厭な顔されたら、悲しいでしょう？

でも、彼……いつものように、ニコニコ明るい笑顔で言ってくれたんです。

「なんだ、帰ってこないんだ。静かでいいじゃない、義姉さん」

「ねえ、照ちゃん」

「なに？」

「兄さんうるさいから、出さなかったけど。もういいんでしょう、お酒」

「え？……」

「高校のコンパとかって、もうみんな飲んでるでしょう」

「そ、そりゃ、まあ……」

「じゃ、いいじゃない。二人で飲もうよ」

「いいんですか……?」

「いいわよ、私がいいって言ってるんだから、ね？　うるさい三十代もいないし」

「そうだね……じゃ、飲ませてもらっちゃおうかな……」

「そうこなくっちゃ」

私たちはソファに座り、私はとっておきのワインを抜きました。

照貴くんは、話してても楽しい男のコに成長していました。そして、その楽しさは、お酒を飲めば飲むほど、大きくなっていくのです。

でも、やっぱり、まだ19歳。飲みなれていないせいもあるのでしょう。飲めば、飲むほど、酔いも激しくなっていくみたい。

「ねえ、照ちゃん」

「義姉さん、なに?」

「あなた、モテるんでしょう?」

「……そんなことないよ」

「あら、どうしたの、口ごもっちゃって」

「ちょっとね、最近、フラれちゃった」

「えー!?　信じらんない！」

「そうでしょう、義姉さん……」

「なんで照ちゃんみたいな、かっこいいコを振るの？」

「なんでかなあ。性格の不一致じゃない」

「そんな……芸能人の離婚の理由みたいなこと、いわないでよ。おかしくって笑っちゃうわよ……」

「笑わないでよ、俺、真剣だったんだよ、割と……」

「じゃ、今、フリーなの？」

「うん……」

「そっかー……ねえ、じゃ、いいじゃない。今夜は、私と遊ぼうよ」

「え？」

戸惑っているのか、酔っ払っているのか、なんだかポカーンとした顔の照貴くん。

私はその唇に、唇を重ねていきました。

「ね、義姉さん……」

目を白黒させる彼の背中に強引に手を回して抱きしめると、彼も、おずおず……と、抱きしめてくれました。胸がギュっと潰れて、感じちゃう……。

「二人だけの秘密よ」

「う、うん……」

私が彼の唇を強引にこじ開け、舌を絡ませると、彼も最初はびっくりしたようですが、すぐにその動きをとらえて、びちゃびちゃ……と音を立てながら舌を絡め合わせます。

彼の股間に手を伸ばします。

やっぱり……もう、硬くなっていました。私はジーンズのファスナーを外して、それを取り出します。

「大きいのね」

「兄貴のと比べて、どう」

「……同じくらいかな」

「ええ？　そうなの？」

「だって兄弟なんだから、仕方ないじゃない？」

「うん……でもさあ、身長だって俺の方が少しデカいんだから、こっちはどうかな、って思って」

「だって1ミリやそこら、大きくたって、わかんないわよ」

「しゃぶってみたらわかるんじゃない？」

「ふふふ……面白いこというわね」

私はそれをぐい、と握り、手を回転させながら上下に擦りつつ、唇を近づけ……そして吸い付いて……ぱっくりと咥えました。

「ああ……」

照貴くんの呻き声が聞こえてきます。上下の歯で軽くはさんだり、舌を絡めたりしながら、私は本能の赴くままに、それを弄びました。

夫との行為では、こんな出鱈目にしゃぶったり、舐めたりすることはありません。彼のリズムに合わせて、私もゆっくり、じっくり責めていきます。

でも、結局は、私も……まだ22歳の、いってみれば「女の子」。これまでは背伸びをしてオトナの男と付き合ってきたけれど、たまにはこうして、同年齢の男の子と、本能の赴くままの、荒っぽいセックスもしてみたかったんだ……って、照貴くんのペニスを必死に味わいながら、そんな思いが心の中に湧き上がってきました。

「ねえ、こんなの、どう?」

私は、サオから、もっと下……彼の、フクロをぱっくりと口に含み、ヒダヒダの向こう側に感じられる、コロコロっとした玉を舌の上で転がしてみました。

「うわ、何、これ……」

「初めて?」

「うん……ひえー、凄いよ義姉さん。あ、あ、俺……なんだか……」

「気持ちいいでしょう」

私はコロコロと「玉しゃぶり」を続けながら、彼のサオをグイグイって擦りました。

「う……あ……も、もう……ダメだよ、そんなにしたら」

「いいから……」

私が彼が止めるのも構わず、さらに二度、三度……ぐいって擦ったら……。

ビュッ!

本当に音が聞こえたんです、その時……。ものすごい勢いで精液が迸りました。二度、三度……後から後から、凄まじい勢いで、私の顔に飛び、ソファの背に飛び、そしてフロアスタンドの傘にまで……。

　どっぷりと、白い精液が振りかけられて、部屋の中は物凄い臭い。

「ごめん……」

「何言ってるの、いいのよ、若いんだから……私がこうしてみたかったの」

「ええ？」

「大丈夫よ、すぐまた元気になるでしょう」

「うん、たぶん……」

「たぶんなんて、情けないこと言わないで。私にまかせておいて……」

　私は彼をベッドに連れて行きました。セックスで覚醒しているとはいえ、まだアルコールが残ってるせいか、どことなく千鳥足な感じなのがかわいいんです。

「いらっしゃい……」

「ここで？」

「そうよ」

「でも……なんか兄貴に悪い」

「じゃ、やめたいの?」

「ううん……したい」

照貴くんは、今度は自分から舌を私の口にねじ込んできました。同時に、私の服を脱がせ、ブラを外そうとします。

「優しくしてね」

私は耳元で囁きました。

でも……彼の指の動き、とってもぎこちないんです。でも、エネルギッシュで。「やりたい……」っていう気持ちが、ストレートに伝わってきて……。

何度か失敗した後に、ようやくホックを外すのに成功して、そして胸をガシッと乱暴に掴まれて。

(そう、もっと激しく……乱暴にして……)

いくら優しくしてね、って言ったって、19歳の男の子ですから、限界があります。そんなことはわかった上で、私はあえて言ってみたんです。

予想通りの……というか、期待した通りの、19歳らしい、ストレートで荒っぽい愛撫に、私は思い切り興奮していました。

「ああ、いいわ、いいわ……」

「義姉さん……」

「ああ……素敵よ……」

彼は必死に努力しながら、私の服を全部脱がせて全裸にさせると、脚をぐいっと開いて、指を入れてきました。

「濡れてる？」

「まだ、もう少しかかるかな……」

照貴くんは、指を乱暴にこじ入れてきて、グイグイ中を掻き回します。

「イタ……い……」

「ごめん、痛かった？」

「大丈夫よ、もう少し、ゆっくり……」

「こんな感じ……？」

「そう……いいわあ……ああ……素敵よ」

照貴くんは、必死の思いで、私を濡らそうと努力しています。ふと股間に目をやると、もうペニスは完全に上を向いて、大きくなっています。

(旦那のより……大きいかも……っていうか、元気！)

それを目にしたとたん、現金なもので、私のソノ部分も、ぐっしょり濡れてきたみたいなんです。

「いいわよ、来て」

「行くよ、義姉さん……」

彼はまた乱暴な手つきで、私の脚をさらに押し広げると、グググ……と、正面からそれをねじ込んできました。

「あ……凄い……」

やっぱり極限まで興奮してるせいか、さっきよりもさらに膨張してるみたいで……こんなに挿入されて、アソコをグイグイ押し広げられるみたいに感じたの、生まれて初めてかもしれません。

「ああ、ああ……いいわ……いいわあ……」

そして、凄まじい勢いのピストン運動が始まりました。私も、その情熱に応えようと、必死になって腰を振ります。

(私も、まだ22なんだもの……)

こんな、若さと勢いに任せたセックスも、素敵なものだ……と、しみじみ、思い知らされました。

といっても、その時は、もう勢いに任せて感じてるだけだったんですけど……。

グイ、グイ、とリズミカルに突かれて、私はベッドの上へ、上へと移動させられます。

そのうち壁に頭がゴンゴン……と当たって、目から火花が出そうになったけど、構わずに責め続けてくる彼……。

「痛いわ……」

私が呻いても、お酒が回ってるせいか、もうひたすら、自分の快感を貪るのに夢中なだけで、全然気を遣ってくれません。

私は、頭が痛くなったので、何とか体の向きを変えて、壁に当たらないようにしました。すると今度は、ベッドから上半身がこぼれ落ちてしまって……。

それでも、まったく構わず責め続けてくる照貴くん。

「ああ、凄い、凄いわ……」

そのうち、私、すっかりベッドからずり落ちてしまって……。

スポン、と、彼のモノが抜けてしまうと、彼も初めて気がついたみたいに、ベッドから降りてきて……。

「抜けちゃったね……」

「そうだね、抜けちゃったね……」

私たちは何かおかしくて、床の上でゲラゲラ笑いながら、再び挿入しました。

ベッドより床の上は痛いけど、でもガンガン頭を壁にぶつけられるよりは、よっぽどマシです。

私は、彼を仰向けにして、騎乗位になり、思い切り腰を振りました。さっき頭をぶつけられたお返し……。

ぴちゃ、ぴちゃ……と、アソコが激しく擦れあう音がして、それを聞いていると、ますますエッチな気分が高まってくるんです。

「義姉さん……ああ……凄いよ……」

「照ちゃん、あなたも……ああ、たまんないわあ……」

私は上下に動き、それから体を回したり、左右に動かしたりしながら、膣の中で暴れ馬のように跳ね回るペニスの感覚を楽しみ続けました。

ぴちゃ、ぴちゃ、ぴちゃ……。

「ああ、義姉さん……」

「なあに……」

「イキそうだよ……」

「いいのよ、出して……」

「え、だって……」

「大丈夫、気にしないで」

「でも……あ、ダメ、もう……うっ！」

激しく一回突き上げてきたかと思うと、中に精液の感触が。私もその動きに合わせて、思い切り甘い絶頂に酔いました。

「照ちゃん……」

「なあに……」

私は彼にまたがったまま、太腿の内側を精液が流れ落ちるのを感じながら声をかけました。

「あなた、兄さんと血液型、同じだったわよね……」

不倫手記
愛欲まみれな女の淫水だだ漏れ告白

２０２３年2月２７日　初版第一刷発行

発行人　後藤明信
発行所　株式会社　竹書房
〒102-0075　東京都千代田区三番町8-1
三番町東急ビル6Ｆ
Email: info@takeshobo.co.jp
ホームページ：http://www.takeshobo.co.jp
印刷所　中央精版印刷株式会社
デザイン　森川太郎
本文組版　有限会社　マガジンオフィス

TAKESHOBO Co.,Ltd